하루 10분 초등한자 따라쓰기

8급~6급 한 권으로 끝내기

키즈키즈 교육연구소 지음

미래주니어

한자 시험 Q&A

전국한자능력검정시험이란?

(사)한국어문회가 주관하고 한국한자능력검정회가 시행하는 한자 시험으로, 학생부터 일반인 누구나 응시 가능합니다. 8급부터 특급까지 15단계의 급수별 시험으로 나뉘며, 공인급수와 교육급수로 구분됩니다.

급수 시험에 합격하면 좋은 점?

3급 이상(특급, 특급II, 1급, 2급, 3급, 3급II)은 국가가 공인해 주는 국가공인자격으로 대학 수시 모집과 특기자 전형에 지원할 수 있습니다. 또 대학 입시 면접에 가산점 부여, 학점 반영, 졸업 인증 등 혜택이 있습니다. 공공기관이나 기업체 입사, 승진, 인사 고과 등에도 반영됩니다. 그 외 급수는 교과 학습 발달 상황란에 기재됩니다.

전국한자능력검정시험 급수 배정 한자

급수	읽기	쓰기	수준 및 특성
특급	5,978자	3,500자	국한 혼용 고전을 불편 없이 읽고, 연구할 수 있는 수준(고급)
특급II	4,918자	2,355자	국한 혼용 고전을 불편 없이 읽고, 연구할 수 있는 수준(중급)
1급	3,500자	2,005자	국한 혼용 고전을 불편 없이 읽고, 연구할 수 있는 수준(초급)
2급	2,355자	1,817자	상용한자 및 인명, 지명용 기초 한자 활용 단계
3급	1,817자	1,000자	고급 상용한자 활용의 중급 단계
3급II	1,500자	750자	고급 상용한자 활용의 초급 단계
4급	1,000자	500자	중급 상용한자 활용의 고급 단계
4급II	750자	400자	중급 상용한자 활용의 중급 단계
5급	500자	300자	중급 상용한자 활용의 초급 단계
5급II	400자	225자	중급 상용한자 활용의 초급 단계
6급	300자	150자	한자 쓰기를 연습하는 기초 상용한자 활용의 고급 단계
6급II	225자	50자	한자 쓰기를 시작하는 기초 상용한자 활용의 중급 단계
7급	150자	–	한자 공부를 본격적으로 시작하는 기초 상용한자 활용의 초급 단계
7급II	100자	–	7급을 준비하는 기초 상용한자 활용의 초급 단계
8급	50자	–	유치원생이나 초등학생의 한자 학습 동기 부여를 위한 급수

※ 상위 급수는 하위 급수 한자를 모두 포함합니다.
※ 급수와 급수II는 각각 별도의 급수이며, 급수II는 상위 급수와 하위 급수 간의 배정 한자 수가 커서 두 급수 간의 격차를 해소하기 위한 단계입니다.
※ 한국어문회 www.hanja.re.kr

차례

한국어문회 홈페이지에서
시험 일정과 급수별 기출문제,
답안지 양식 등을
참조하세요!

한자 시험 준비와 어휘력을 키워 주는 〈하루 10분 초등 한자 따라쓰기〉

한자를 알면 단어와 문장 이해력이 높아집니다.

국어사전을 찾아보면 우리말 70% 이상이 한자어로 되어 있습니다. 교과서에 나오는 단어도 대부분 한자어로 되어 있어서 한자를 알면 단어와 문장의 의미를 쉽고 정확하게 이해할 수 있습니다. 교육부에 따르면 전국 초등학교에서 한자 교육을 실시하고 있는 학교가 90% 이상이라고 합니다. 그만큼 한자 교육의 필요성을 학교에서도 인지하고 전문 교사를 통해 아이들을 교육하기도 합니다.

한자는 다른 문자들과 달리 뜻글자입니다. 한자를 배우면 낯선 단어도 한자의 뜻으로 그 의미를 짐작할 수 있고, 언어로 표현함에 있어서도 효과적입니다.

8급~6급 전국한자능력검정시험을 한 권으로 준비해요.

전국한자능력검정시험은 (사)한국어문회가 주관하고 한국한자능력검정회가 시행하는 한자 시험으로, 여러 시행사의 한자 시험 중 학생부터 일반인까지 누구나 응시할 수 있는 대표적인 한자 급수 시험입니다. 〈하루 10분 초등 한자 따라쓰기〉는 초등학생이 주로 응시하는 전국한자능력검정시험 8급, 7급Ⅱ, 7급, 6급Ⅱ, 6급의 배정 한자 300자를 한 권에 총망라했습니다. 한자 시험은 급수 취득과 함께 아이들의 한자 학습의 동기를 부여하고 교과 학습의 바탕이 되어 줍니다.

급수 한자 300자를 따라 쓰며 교과서 속 한자 어휘를 익혀요.

〈하루 10분 초등 한자 따라쓰기〉는 하루 5자씩 60일 동안 따라 쓰며 급수별 배정 한자 300자를 익힐 수 있도록 구성했습니다. 하루 10분씩 꾸준히 따라 쓰면서 한자 급수 시험을 대비하고, 교과서 속 한자 어휘를 통해 어휘력과 한자 활용 능력을 키울 수 있습니다. 한자어를 많이 아는 만큼 낱말과 문장의 이해력이 높아져 국어 실력도 키워집니다. 뿐만 아니라 한자를 바르게 따라 쓰다 보면 산만한 마음을 가라앉게 해 주며, 집중력도 함께 길러져 학습에 필요한 기본기를 탄탄하게 다져 줍니다.

꾸준히 따라쓰기를 할 수 있도록 격려해 주세요.

따라쓰기는 처음부터 욕심을 내어 하루에 여러 장을 쓰지 않도록 합니다. 한 번에 많이 쓰는 것보다 매일 꾸준히 쓰는 연습을 하는 것이 한자와 한자어를 익히는 데 더욱 효과적입니다. 또한 한자의 음과 훈을 소리 내어 읽으면서 획순에 맞게 차근차근 따라 쓰는 것이 바른 한자 공부 방법입니다.

'칭찬은 고래도 춤추게 한다.'는 말이 있습니다. 부모의 말 한마디에 아이는 자신감을 가지고 꾸준히 학습할 수 있는 용기를 얻습니다. 작은 변화에도 관심을 가져 주고 아낌없이 칭찬해 주어야 합니다.

8급

한자 따라쓰기

一 한 일	二 둘 이	三 석 삼	四 넉 사	五 다섯 오
六 여섯 륙(육)	七 일곱 칠	八 여덟 팔	九 아홉 구	十 열 십
月 달 월	火 불 화	水 물 수	木 나무 목	金 쇠 금/성씨 김
土 흙 토	日 날 일	大 큰 대	小 작을 소	中 가운데 중
東 동녘 동	西 서녘 서	南 남녘 남	北 북녘 북/달아날 배	外 바깥 외
父 아비 부	母 어미 모	兄 형 형	弟 아우 제	女 계집 녀(여)
韓 한국 한/나라 한	國 나라 국	王 임금 왕	民 백성 민	軍 군사 군
學 배울 학	校 학교 교	敎 가르칠 교	室 집 실	人 사람 인
先 먼저 선	生 날 생	長 긴 장/어른 장	年 해 년(연)	萬 일만 만
白 흰 백	靑 푸를 청	山 메 산	寸 마디 촌	門 문 문

一 한 일	一	一	一			
	한 일	한 일	한 일			
부수	一					
획수	총1획					

一

교과서 한자어휘　一定(일정) : 어떤 것의 크기나 모양, 시간 등이 하나로 정해져 있음.
一方(일방) : 어느 한쪽이나 어느 한편.　一家(일가) : 한집안.

二 둘 이	二	二	二			
	둘 이	둘 이	둘 이			
부수	二					
획수	총2획					

一 二

교과서 한자어휘　一口二言(일구이언) : 한 입으로 두 말을 한다는 뜻으로, 이랬다저랬다 말하는 것을 이름.
二重(이중) : 두 겹.　二分(이분) : 둘로 나눔.

三 석 삼	三	三	三			
	석 삼	석 삼	석 삼			
부수	一					
획수	총3획					

一 二 三

교과서 한자어휘　作心三日(작심삼일) : 결심한 마음이 삼 일도 가지 못함. 결심이 굳지 못함을 이르는 말.
三面(삼면) : 세 방면.　三代(삼대) : 아버지, 아들, 손자의 세 대.

四	四	四	四			
넉 사	넉 사	넉 사	넉 사			
부수	口					
획수	총5획					

丨 冂 冂 四 四

四角(사각) : 네 개의 각. 四寸(사촌) : 아버지의 친형제자매의 아들, 딸과의 촌수.
四方(사방) : 동, 서, 남, 북 네 방위를 통틀어 이르는 말. 여러 곳.

五	五	五	五			
다섯 오	다섯 오	다섯 오	다섯 오			
부수	二					
획수	총4획					

一 丁 五 五

五感(오감) : 시각, 청각, 후각, 미각, 촉각의 다섯 가지 감각.
五線紙(오선지) : 악보를 그릴 수 있도록 다섯 개의 선을 그어 놓은 종이.

다음 빈칸에 알맞은 한자와 음을 쓰세요.

☐ 方(일방) ☐ 代(삼대) 二分(☐ ☐)

☐ 角(사각) ☐ 寸(사촌) 三面(☐ ☐)

☐ 重(이중) ☐ 家(일가) 五感(☐ ☐)

六	六	六	六		
여섯 륙(육)	여섯 륙	여섯 륙	여섯 륙		
부수	八				
획수	총4획				

`⼀ ⼤ 六 六`

📖 **교과서 한자어휘**
六面體(육면체) : 여섯 개의 평면으로 둘러싸인 입체.
六學年(육학년) : 초등학교에서 가장 높은 학년.

七	七	七	七		
일곱 칠	일곱 칠	일곱 칠	일곱 칠		
부수	一				
획수	총2획				

`一 七`

📖 **교과서 한자어휘**
七月(칠월) : 한 해의 열두 달 가운데 일곱 번째 달. 七十(칠십) : 십의 일곱 배가 되는 수.
七夕(칠석) : 음력 7월 7일. 견우와 직녀가 오작교에서 일 년에 한 번 만난다는 날.

八	八	八	八		
여덟 팔	여덟 팔	여덟 팔	여덟 팔		
부수	八				
획수	총2획				

`丿 八`

📖 **교과서 한자어휘**
八等身(팔등신) : 키가 얼굴 길이의 여덟 배가 되는 몸. 균형 잡힌 아름다운 몸의 표준.
十中八九(십중팔구) : 열 가운데 여덟이나 아홉. 八十(팔십) : 십의 여덟 배가 되는 수.

九	九	九	九				
아홉 구	아홉 구	아홉 구	아홉 구				
부수	乙						
획수	총2획						

丿 九

교과서 한자어휘　九死一生(구사일생) : 여러 차례 죽을 고비를 넘기고 간신히 살아남.
九萬里(구만리) : 아득하게 먼 거리를 비유적으로 이르는 말.

十	十	十	十				
열 십	열 십	열 십	열 십				
부수	十						
획수	총2획						

一 十

교과서 한자어휘　十里(십리) : 약 4킬로미터를 이름.　十字(십자) : '十'자와 같은 모양.
十分(십분) : 아주 충분히.

 다음 빈칸에 알맞은 한자와 음을 쓰세요.

八□ (팔십)　　□字 (십자)　　八等身 (□□□)

□萬里 (구만리)　　□夕 (칠석)　　十里 (□□)

□學年 (육학년)　　□分 (십분)　　七十 (□□)

月 달 월	月	月	月			
	달 월	달 월	달 월			
부수 月						
획수 총4획						

丿 刀 月 月

교과서 한자어휘
月光(월광) : 달빛. 日月(일월) : 해와 달을 이르는 말.
淸風明月(청풍명월) : 맑은 바람과 밝은 달.

火 불 화	火	火	火			
	불 화	불 화	불 화			
부수 火						
획수 총4획						

丶 丷 少 火

교과서 한자어휘
火山(화산) : 땅속의 가스, 마그마 등이 지각의 터진 틈을 통해 지표로 분출하여 쌓인 산.
放火(방화) : 고의로 불을 지름.

水 물 수	水	水	水			
	물 수	물 수	물 수			
부수 水						
획수 총4획						

丿 丁 才 水

교과서 한자어휘
食水(식수) : 먹을 수 있는 물.　水上(수상) : 물의 위. 또는 물길.
水路(수로) : 물길. 선박이 다닐 수 있는 수면의 일정한 길.

木	木	木	木		
나무 목	나무 목	나무 목	나무 목		

부수	木
획수	총4획

一 十 才 木

교과서 한자어휘 木工(목공) : 나무를 다루어서 물건을 만드는 일. 樹木(수목) : 살아 있는 나무.
木手(목수) : 나무를 다루어 집을 짓거나 가구 등을 만드는 사람.

金	金	金	金		
쇠 금/성씨 김	쇠 금	쇠 금	쇠 금		

부수	金
획수	총8획

丿 人 今 合 全 全 金 金

교과서 한자어휘 入出金(입출금) : 들어오는 돈과 나가는 돈을 함께 이르는 말.
現金(현금) : 현금으로 통용되는 화폐. 현재 가지고 있는 돈.

다음 빈칸에 알맞은 한자와 음을 쓰세요.

☐山(화산)　　☐工(목공)　　樹木(☐☐)

現☐(현금)　　☐上(수상)　　食水(☐☐)

☐光(월광)　　日☐(일월)　　木手(☐☐)

土	土	土	土			
흙 토	흙 토	흙 토	흙 토			
부수	土					
획수	총3획					
一 十 土						

교과서 한자어휘 黃土(황토) : 누렇고 거무스름한 흙.　風土(풍토) : 한 지역의 기후와 토지의 상태.
國土(국토) : 나라의 땅. 한 나라의 통치권이 미치는 지역.

日	日	日	日			
날 일	날 일	날 일	날 일			
부수	日					
획수	총4획					
丨 冂 冂 日						

교과서 한자어휘 日時(일시) : 날짜와 시간.　休日(휴일) : 일요일이나 공휴일 등 일을 하지 않고 쉬는 날.
日記(일기) : 날마다 그날 겪은 일이나 생각, 느낌 등을 적는 개인의 기록.

大	大	大	大			
큰 대	큰 대	큰 대	큰 대			
부수	大					
획수	총3획					
一 ナ 大						

교과서 한자어휘 大路(대로) : 크고 넓은 길.　大會(대회) : 큰 모임이나 회의.
大地(대지) : 대자연의 넓고 큰 땅.

小	小	小	小				
작을 소	작을 소	작을 소	작을 소				
부수 小							
획수 총3획							

小

亅 小 小

교과서 한자어휘 小數(소수) : 작은 수. 0보다 크고 1보다 작은 실수.　弱小(약소) : 약하고 작음.
小作(소작) : 다른 사람의 농지를 빌려 농사를 지음.

中	中	中	中				
가운데 중	가운데 중	가운데 중	가운데 중				
부수 ｜							
획수 총4획							

中

｜ 口 口 中

교과서 한자어휘 集中(집중) : 한곳으로 모임. 한 가지 일에 힘을 쏟아부음.　中間(중간) : 두 사물의 사이.
中世(중세) : 역사의 시대 구분의 하나이며, 고대에 이어 근대의 앞 시기.

다음 빈칸에 알맞은 한자와 음을 쓰세요.

集☐(집중)　　☐地(대지)　　休日(☐☐)

黃☐(황토)　　弱☐(약소)　　國土(☐☐)

☐記(일기)　　☐間(중간)　　大會(☐☐)

東	東	東	東			
동녘 동	동녘 동	동녘 동	동녘 동			
부수	木					
획수	총8획					

一 丁 丙 丙 申 申 東 東

교과서 한자어휘 東洋(동양) : 아시아의 동부 및 남부를 말하며 한국, 중국, 일본, 인도, 타이 등이 있다.
東海(동해) : 동쪽의 바다. 東問西答(동문서답) : 묻는 말과는 전혀 상관없는 엉뚱한 대답.

西	西	西	西			
서녘 서	서녘 서	서녘 서	서녘 서			
부수	襾					
획수	총6획					

一 丆 冄 兀 西 西

교과서 한자어휘 東西(동서) : 동쪽과 서쪽을 아울러 이르는 말. 西海(서해) : 서쪽에 있는 바다.
西洋(서양) : 유럽과 남북아메리카의 여러 나라를 이르는 말.

南	南	南	南			
남녘 남	남녘 남	남녘 남	남녘 남			
부수	十					
획수	총9획					

一 十 十 古 古 古 南 南 南

교과서 한자어휘 南道(남도) : 남과 북의 둘로 되어 있는 도에서 남쪽에 있는 도.
南韓(남한) : 남북으로 분단된 대한민국의 휴전선 남쪽 지역.

北	北	北	北			
	북녘 북	북녘 북	북녘 북			
북녘 북/달아날 배						

부수	匕
획수	총5획

丨 亅 ㅓ ㅓ 北

교과서
한자어휘

北部(북부) : 어떤 지역의 북쪽 부분. 全北(전북) : 전라북도의 준말.
北韓(북한) : 남북으로 분단된 대한민국의 휴전선 북쪽 지역.

外	外	外	外			
	바깥 외	바깥 외	바깥 외			
바깥 외						

부수	夕
획수	총5획

丿 勹 夕 夕 外

교과서
한자어휘

外食(외식) : 집이 아닌 밖에서 음식을 사 먹음. 內外(내외) : 안과 밖.
外科(외과) : 몸 외부의 상처나 내장의 질병을 수술이나 치료하는 의학 분야.

다음 빈칸에 알맞은 한자와 음을 쓰세요.

全 [ ] (전북) [ ] 韓 (북한) 西洋 ([ ] [ ])

[ ] 洋 (동양) [ ] 海 (서해) 外食 ([ ] [ ])

[ ] 韓 (남한) 內 [ ] (내외) 東西 ([ ] [ ])

父	父	父	父			
아비 부	아비 부	아비 부	아비 부			

부수	父
획수	총4획

ノ ハ グ 父

교과서 한자어휘

父子(부자) : 아버지와 아들. 父母(부모) : 아버지와 어머니.
父子有親(부자유친) : 아버지와 아들 사이의 도리는 친애에 있음.

母	母	母	母			
어미 모	어미 모	어미 모	어미 모			

부수	母
획수	총5획

乚 乚 乜 母 母

교과서 한자어휘

分母(분모) : 수학에서 분수나 분수식에서, 가로줄 아래에 있는 수나 식.
母國(모국) : 자기가 태어난 나라.

兄	兄	兄	兄			
형 형	형 형	형 형	형 형			

부수	儿
획수	총5획

丨 冂 口 尸 兄

교과서 한자어휘

學父兄(학부형) : 학생의 아버지나 어머니라는 뜻으로, 학생의 보호자를 이르는 말.
兄弟(형제) : 형과 아우를 아울러 이르는 말. 三兄弟(삼형제) : 형제가 세 명.

弟 아우 제	弟	弟	弟				
	아우 제	아우 제	아우 제				
부수 弓							
획수 총7획							

`  丶  丷  当  弟  弟`

교과서
한자어휘
弟子(제자) : 스승으로부터 가르침을 받거나 받은 사람.
弟夫(제부) : 언니가 여동생의 남편을 부르는 말.

女 계집 녀(여)	女	女	女				
	계집 녀	계집 녀	계집 녀				
부수 女							
획수 총3획							

`  人  女  女`

교과서
한자어휘
少女(소녀) : 아직 완전히 성숙하지 않은 어린 여자아이.
女子(여자) : 여성으로 태어난 사람.

다음 빈칸에 알맞은 한자와 음을 쓰세요.

☐弟(형제)   ☐子(제자)   母國(☐☐)

☐子(부자)   少☐(소녀)   女子(☐☐)

父☐(부모)   分☐(분모)   三兄弟(☐☐☐)

韓	韓	韓	韓		
한국 한/나라 한	한국 한	한국 한	한국 한		
부수	韋				
획수	총17획				

一 十 十 古 古 古 直 卓 卓 卓 乾 乾 乾 乾 韓 韓 韓

📖 교과서 한자어휘 韓國(한국) : 우리나라인 대한민국을 일컫는 약칭. 韓服(한복) : 우리나라의 고유한 옷.
韓中日(한중일) : 한국, 중국, 일본을 함께 이르는 말.

國	國	國	國		
나라 국	나라 국	나라 국	나라 국		
부수	口				
획수	총11획				

丨 冂 冂 冂 同 囯 囯 国 國 國 國

📖 교과서 한자어휘 國樂(국악) : 자기 나라의 고유한 음악. 強國(강국) : 군사력과 경제력이 뛰어난 강한 나라.
國民(국민) : 국가를 구성하는 사람. 또는 그 나라의 국적을 가진 사람.

王	王	王	王		
임금 왕	임금 왕	임금 왕	임금 왕		
부수	王				
획수	총4획				

一 二 干 王

📖 교과서 한자어휘 王族(왕족) : 임금의 일가. 國王(국왕) : 나라의 임금.
王室(왕실) : 임금의 집안.

民	民	民	民			
백성 민	백성 민	백성 민	백성 민			

부수	氏
획수	총5획

フ フ ㅋ 戸 民

📖 교과서
한자어휘
民族(민족) : 인종적, 지역적 기원이 같고, 전통과 역사적 운명을 같이 하는 사람의 집단.
訓民正音(훈민정음) : 백성을 가르치는 바른 소리라는 뜻의 세종이 창제한 우리나라 글자.

軍	軍	軍	軍			
군사 군	군사 군	군사 군	군사 군			

부수	車
획수	총9획

ノ 冖 冖 戸 戸 宮 宮 軍 軍

📖 교과서
한자어휘
空軍(공군) : 하늘에서 공격과 방어를 맡는 군대.
海軍(해군) : 바다에서 공격과 방어를 맡는 군대.

🖊 다음 빈칸에 알맞은 한자와 음을 쓰세요.

☐族(민족)   ☐服(한복)   韓國(☐☐)

☐室(왕실)   ☐族(왕족)   國樂(☐☐)

空☐(공군)   強☐(강국)   海軍(☐☐)

學	學	學	學				
배울 학	배울 학	배울 학	배울 학				
부수 子							
획수 총16획							

`´ ⺃ ⺊ ⺊ ⺊ ⺊ ⺊ ⺊ ⺊ 臼 臼 ⺽ 與 與 學 學`

교과서 한자어휘 學生(학생) : 학교에서 공부하는 사람. 學級(학급) : 한 교실에서 공부하는 학생의 집단.
放學(방학) : 일정 기간 동안 수업을 쉬는 일. 또는 그 기간.

校	校	校	校				
학교 교	학교 교	학교 교	학교 교				
부수 木							
획수 총10획							

`一 十 才 木 杧 杧 杧 杧 校 校`

교과서 한자어휘 學校(학교) : 학생에게 교육을 하는 기관. 校歌(교가) : 학교를 상징하는 노래.
校訓(교훈) : 학교의 이념이나 목표를 간명하게 나타낸 표어.

敎	敎	敎	敎				
가르칠 교	가르칠 교	가르칠 교	가르칠 교				
부수 攵							
획수 총11획							

`丿 ㄨ 乂 孝 孝 孝 孝 敎 敎 敎 敎`

교과서 한자어휘 敎科書(교과서) : 학교에서 교재로 사용하기 위해 편찬한 책.
敎室(교실) : 학습 활동이 이루어지는 방.

室 집 실	室 집 실	室 집 실	室 집 실		
부수 ᠆					
획수 총9획					

丶 丶 宀 宀 宰 宰 宰 室

교과서 한자어휘 室內(실내) : 방이나 건물 등의 안. 地下室(지하실) : 집 아래에 땅을 파서 만든 공간.
圖書室(도서실) : 도서를 모아 두고 일반인들이 볼 수 있도록 만든 방.

人 사람 인	人 사람 인	人 사람 인	人 사람 인		
부수 人					
획수 총2획					

丿 人

교과서 한자어휘 人間(인간) : 생각을 하고 언어를 사용하며, 도구를 만들어 쓰는 사회적 동물.
人心(인심) : 사람의 마음. 백성의 마음. 人才(인재) : 재주가 뛰어난 사람.

다음 빈칸에 알맞은 한자와 음을 쓰세요.

學☐(학교)   教☐(교실)   校歌(☐☐)

☐間(인간)   ☐生(학생)   學級(☐☐)

☐內(실내)   ☐心(인심)   圖書室(☐☐☐)

先	先	先	先				
먼저 선	먼저 선	먼저 선	먼저 선				

부수	儿
획수	총6획

丿 ㅏ ㅛ 生 牛 先

교과서 한자어휘 先祖(선조) : 먼 윗대의 조상.   先後(선후) : 먼저와 나중을 아울러 이르는 말.
先頭(선두) : 대열이나 행렬, 활동 등에서 맨 앞. 첫머리.

生	生	生	生				
날 생	날 생	날 생	날 생				

부수	生
획수	총5획

丿 ㅏ ㅛ 牛 生

교과서 한자어휘 生活(생활) : 사람이나 동물이 일정한 환경에서 활동하며 살아감.
出生(출생) : 세상에 나옴. 태어남.

長	長	長	長				
긴 장/어른 장	긴 장	긴 장	긴 장				

부수	長
획수	총8획

丨 ㄏ ㄏ ㅌ ㅌ 튽 튽 長

교과서 한자어휘 長短(장단) : 길고 짧음.   長成(장성) : 자라서 어른이 됨.
市長(시장) : 지방 자치 단체인 시의 책임자.

年	年	年	年				
해 년(연)	해 년	해 년	해 년				
부수	干						
획수	총6획						

丿 一 二 午 年 年

교과서 한자어휘　年年生(연년생) : 한 살 터울로 아이를 낳음. 또는 그 아이.
今年(금년) : 올해.　年間(연간) : 한 해 동안.

萬	萬	萬	萬				
일만 만	일만 만	일만 만	일만 만				
부수	⼗⼗						
획수	총13획						

一 十 卄 艹 艹 苦 苩 苩 莒 萬 萬 萬

교과서 한자어휘　萬國旗(만국기) : 세계 여러 나라의 국기.　萬物(만물) : 세상에 있는 모든 것.
萬民(만민) : 모든 백성. 또는 모든 사람.

다음 빈칸에 알맞은 한자와 음을 쓰세요.

☐ 後(선후)　　　出 ☐ (출생)　　　先祖(☐☐)

市 ☐ (시장)　　　☐ 短(장단)　　　生活(☐☐)

☐ 物(만물)　　　今 ☐ (금년)　　　萬民(☐☐)

白	白	白	白			
흰 백	흰 백	흰 백	흰 백			
부수 白						
획수 총5획						

＇ ｜＇ ｢ 白 白

교과서 한자어휘
白衣民族(백의민족) : 흰옷을 입은 민족이라는 뜻으로, 한민족을 이르는 말.
白日場(백일장) : 글짓기를 장려하기 위해 실시하는 글짓기 대회.

靑	靑	靑	靑			
푸를 청	푸를 청	푸를 청	푸를 청			
부수 靑						
획수 총8획						

一 二 丰 圭 靑 靑 靑 靑

교과서 한자어휘
靑春(청춘) : 십 대 후반에서 이십 대 무렵의 젊은 나이.
靑山(청산) : 풀과 나무가 무성한 푸른 산.

山	山	山	山			
메 산	메 산	메 산	메 산			
부수 山						
획수 총3획						

｜ 山 山

교과서 한자어휘
山林(산림) : 산과 숲. 산에 있는 숲.   山野(산야) : 산과 들을 아울러 이르는 말.
登山(등산) : 운동, 놀이, 탐험 등을 목적으로 산에 오름.

寸	寸	寸	寸				
마디 촌	마디 촌	마디 촌	마디 촌				
부수	寸						
획수	총3획						

一 寸 寸

교과서 한자어휘
寸數(촌수) : 친족 사이의 멀고 가까운 정도를 나타내는 수.
三寸(삼촌) : 아버지의 형제를 이르는 말.

門	門	門	門				
문 문	문 문	문 문	문 문				
부수	門						
획수	총8획						

丨 冂 冂 冂 冎 冎 門 門 門

교과서 한자어휘
大門(대문) : 큰 문. 한 집의 주 출입문.   入門(입문) : 무엇을 배우는 길에 처음 들어섬.
窓門(창문) : 공기나 햇빛이 들어올 수 있도록 벽이나 지붕에 낸 문.

다음 빈칸에 알맞은 한자와 음을 쓰세요.

□野 (산야)   □日場 (백일장)   靑山 (□□)

三□ (삼촌)   登□ (등산)   山林 (□□)

□春 (청춘)   大□ (대문)   窓門 (□□)

8급 연습 문제

1 다음 글의 ( ) 안에 있는 漢字(한자)의 讀音(독음:읽는 소리)을 쓰세요.

보기

$$(音) → 음$$

1) 동(生)과   2) (父)

3) (母)님과   4) (土)

5) 요(日)마다   6) (山)에 갑니다.

2 다음 밑줄 친 말에 해당하는 漢字(한자)를 <보기>에서 찾아 번호를 쓰세요.

보기

①門 ②白 ③人 ④木 ⑤西 ⑥校

1) 바로 저 <u>사람</u>입니다.   2) <u>학교</u>에 지각했다.

3) <u>문</u>을 열고 오세요.   4) <u>흰</u> 옷을 입은 아이

5) <u>나무</u>가 잘 자랍니다.   6) <u>서쪽</u>으로 해가 집니다.

 정답

2. 1) ③ 2) ⑥ 3) ① 4) ② 5) ④ 6) ⑤
1. 1) 생 2) 부 3) 모 4) 토 5) 일 6) 산

3 다음 단어나 음(음:소리)에 알맞은 漢字(한자)를 〈보기〉에서 찾아 번호를 쓰세요.

보기

①七 ②月 ③大 ④韓 ⑤長 ⑥南

1) 장   2) 월

3) 일곱   4) 남녘

5) 한국/나라   6) 크다

4 다음 漢字(한자)의 훈(訓:뜻)과 음(음:소리)을 쓰세요.

보기

天 → 하늘 천

1) 靑   2) 先

3) 室   4) 軍

5) 外   6) 五

정답

4. 1) 푸를 청 2) 먼저 선 3) 집 실 4) 군사 군 5) 바깥 외 6) 다섯 오
3. 1) ⑤ 2) ② 3) ① 4) ⑥ 5) ④ 6) ③

7급Ⅱ
한자
따라쓰기

*7급Ⅱ의 출제 범위는 총 100자이며, 7급Ⅱ 한자 50자와 8급 한자 50자를 포함합니다.

家 집 가	間 사이 간	江 강 강	車 수레 거(차)	工 장인 공
空 빌 공	記 기록할 기	氣 기운 기	男 사내 남	內 안 내
農 농사 농	答 대답 답	道 길 도	動 움직일 동	力 힘 력(역)
立 설 립(입)	每 매양 매	名 이름 명	物 물건 물/만물 물	方 모 방
不 아닐 불(부)	事 일 사	上 윗 상	姓 성씨 성	世 인간 세/대 세
手 손 수	市 저자 시	時 때 시	食 밥 식/먹을 식	安 편안 안
午 낮 오	右 오른쪽 우	子 아들 자	自 스스로 자	場 마당 장
全 온전 전	前 앞 전	電 번개 전	正 바를 정	足 발 족
左 왼쪽 좌	直 곧을 직	平 평평할 평	下 아래 하	漢 한수 한/한나라 한
海 바다 해	話 말씀 화/말할 화	活 살 활	孝 효도 효	後 뒤 후

家

집 가

부수	宀
획수	총10획

家 家 家
집 가   집 가   집 가

丶 丶 宀 宀 宁 宇 宛 家 家 家

교과서 한자어휘
家庭(가정) : 한 가족이 생활하는 집. 家計(가계) : 한 집안 살림의 수입과 지출의 상태.
家長(가장) : 한 가정을 이끌어 나가는 사람. 집안의 어른, 호주, 남편.

間

사이 간

부수	門
획수	총12획

間 間 間
사이 간   사이 간   사이 간

丨 冂 冃 冃 門 門 門 門 門 間 間 間

교과서 한자어휘
空間(공간) : 아무것도 없는 빈 곳. 時間(시간) : 어떤 때에서 어떤 때까지의 사이.
晝間(주간) : 낮 동안. 먼동이 터서 해가 지기 전까지의 동안.

江

강 강

부수	氵
획수	총6획

江 江 江
강 강   강 강   강 강

丶 丶 氵 氵 汀 江 江

교과서 한자어휘
江山(강산) : 강과 산. 江南(강남) : 강의 남쪽.
漢江(한강) : 서울의 중심을 흐르는 강.

車	車	車	車		
수레 거(차)	수레 거	수레 거	수레 거		
부수	車				
획수	총7획				

一 厂 冂 冃 盲 宣 車

교과서 한자어휘 自動車(자동차) : 가스, 휘발유, 전기 등을 연료로 그 동력으로 바퀴를 굴려서 가는 차.
人力車(인력거) : 사람이 끄는 수레. 車路(차로) : 찻길.

工	工	工	工		
장인 공	장인 공	장인 공	장인 공		
부수	工				
획수	총3획				

一 丁 工

교과서 한자어휘 工事(공사) : 토목이나 건축 등의 일. 工業(공업) : 물건을 만드는 산업.
人工(인공) : 자연적인 아닌 사람이 만든 것.

다음 빈칸에 알맞은 한자와 음을 쓰세요.

☐山(강산)　　　☐長(가장)　　　家庭(☐☐)

人☐(인공)　　　漢☐(한강)　　　江南(☐☐)

時☐(시간)　　　自動☐(자동차)　　　空間(☐☐)

空 빌 공	空 빌공	空 빌공	空 빌공			
부수	穴					
획수	총8획					

`丶 丷 宀 空 空 空 空 空`

교과서 한자어휘
空氣(공기) : 지구를 둘러싼 무색, 무취의 투명한 기체.
空中(공중) : 하늘과 땅 사이의 빈 곳. 空席(공석) : 빈자리.

記 기록할 기	記 기록할 기	記 기록할 기	記 기록할 기			
부수	言					
획수	총10획					

`一 二 三 言 言 言 言 記 記 記`

교과서 한자어휘
日記(일기) : 날마다 그날 겪은 일이나 생각, 느낌 등을 적는 개인의 기록.
記號(기호) : 어떠한 뜻을 나타내기 위해 쓰이는 부호, 문자, 표.

氣 기운 기	氣 기운 기	氣 기운 기	氣 기운 기			
부수	气					
획수	총10획					

`丿 一 二 气 气 气 气 氣 氣 氣`

교과서 한자어휘
氣分(기분) : 마음에 저절로 생기며 한동안 지속되는 유쾌함, 불쾌함 등의 감정.
氣色(기색) : 마음에 따라 얼굴에 드러나는 빛.

男	男	男	男			
사내 남	사내 남	사내 남	사내 남			

부수	田
획수	총7획

丨 冂 冂 冃 用 田 里 男

교과서 한자어휘 長男(장남) : 맏아들.　美男(미남) : 얼굴이 잘생긴 남자.
男子(남자) : 남성으로 태어난 사람.

內	內	內	內			
안 내	안 내	안 내	안 내			

부수	入
획수	총4획

丨 冂 冂 內

교과서 한자어휘 內面(내면) : 밖으로 드러나지 않는 사람의 속마음.
內科(내과) : 내장의 기관에 생긴 병을 물리 요법이나 약으로 치료하는 의학 분야.

다음 빈칸에 알맞은 한자와 음을 쓰세요.

日☐ (일기)　　　　長☐ (장남)　　　　空氣(☐☐)

☐中 (공중)　　　　☐分 (기분)　　　　男子(☐☐)

☐色 (기색)　　　　☐面 (내면)　　　　內科(☐☐)

월   일

農

농사 농

부수	辰
획수	총13획

農 農 農
농사 농　농사 농　농사 농

丨 冂 冂 甲 曲 曲 曲 严 严 芦 農 農 農

農業(농업) : 땅을 이용하여 식물을 가꾸거나 유용한 동물을 기르는 산업.
農夫(농부) : 농사짓는 일을 직업으로 하는 사람.

答

대답 답

부수	竹
획수	총12획

答 答 答
대답 답　대답 답　대답 답

丿 𠂉 𠂉 𠂉 𥫗 𥫗 𥫗 𥫗 笁 𥫗 答 答

對答(대답) : 부르는 말에 대하여 어떤 말을 함. 또는 그 말.
正答(정답) : 옳은 답. 문제를 바르게 푼 답.

道

길 도

부수	辶
획수	총13획

道 道 道
길 도　길 도　길 도

丶 丷 丷 兰 酋 首 首 首 首 首 渞 道 道

人道(인도) : 사람이 다니는 길.　車道(차도) : 차가 다니는 길. 찻길.
道理(도리) : 사람이 어떤 입장에서 마땅히 행해야 할 바른길.

動	動	動	動		
움직일 동	움직일 동	움직일 동	움직일 동		
부수	力				
획수	총11획				

一 二 三 千 壬 壬 重 重 重 動 動

動物(동물) : 사람을 제외한 길짐승, 날짐승, 물짐승 등을 통틀어 이르는 말.
動作(동작) : 몸이나 손발 등을 움직임. 感動(감동) : 크게 느껴서 마음이 움직임.

力	力	力	力		
힘 력(역)	힘 력	힘 력	힘 력		
부수	力				
획수	총2획				

フ 力

全力(전력) : 모든 힘. 速力(속력) : 속도의 크기.
力道(역도) : 역기를 들어 올려서 중량을 겨루는 경기.

다음 빈칸에 알맞은 한자와 음을 쓰세요.

速☐(속력)   對☐(대답)   農夫(☐☐)

感☐(감동)   ☐物(동물)   正答(☐☐)

☐理(도리)   ☐業(농업)   車道(☐☐)

立	立	立	立				
설 립(입)	설 립	설 립	설 립				
부수	立						
획수	총5획						

丶　亠　　六　　立　立

교과서 한자어휘   對立(대립) : 의견이나 처지 등이 서로 반대되어 대치함.   國立(국립) : 나라에서 세움.
立冬(입동) : 24절기의 하나로, 겨울이 시작됨을 이름.

每	每	每	每				
매양 매	매양 매	매양 매	매양 매				
부수	毋						
획수	총7획						

丿　　　仁　句　每　每　每

교과서 한자어휘   每年(매년) : 해마다.   每番(매번) : 번번이.
每事(매사) : 하나하나의 모든 일.

名	名	名	名				
이름 명	이름 명	이름 명	이름 명				
부수	口						
획수	총6획						

丿　ク　夕　夕　名　名

교과서 한자어휘   名作(명작) : 훌륭한 작품.   有名(유명) : 이름이 널리 알려져 있음.
名言(명언) : 사리에 맞는 훌륭한 말. 널리 알려진 말.

物	物	物	物		
물건 물/만물 물	물건 물	물건 물	물건 물		

부수	牛
획수	총8획

丿 丿 牛 牛 牛 牛 物 物 物

교과서 한자어휘 動植物(동식물) : 동물과 식물을 아울러 이르는 말. 物體(물체) : 물건의 형체.
人物(인물) : 생김새나 됨됨이로 본 사람. 뛰어난 사람.

方	方	方	方		
모 방	모 방	모 방	모 방		

부수	方
획수	총4획

丶 亠 方 方

교과서 한자어휘 前方(전방) : 앞쪽. 적을 바로 마주하고 있는 지역.
方向(방향) : 향한 쪽. 多方面(다방면) : 여러 방면.

다음 빈칸에 알맞은 한자와 음을 쓰세요.

有☐(유명)   ☐體(물체)   立冬(☐☐)

☐向(방향)   國☐(국립)   人物(☐☐)

☐年(매년)   ☐作(명작)   名言(☐☐)

월   일

不 아닐 불(부)

不	不	不				
아닐 불	아닐 불	아닐 불				

부수	一
획수	총4획

一 ア 不 不

교과서
한자어휘

不安(불안) : 마음이 편하지 아니함.   不平(불평) : 마음에 들지 않아 못마땅하게 여김.
不足(부족) : 필요한 양이나 기준에 충분하지 아니함. 모자람.

事 일 사

事	事	事				
일 사	일 사	일 사				

부수	亅
획수	총8획

一 ㄱ ㄇ 曰 曰 写 写 事

교과서
한자어휘

事業(사업) : 어떤 일을 일정한 목적과 계획을 가지고 지속적으로 경영함.
行事(행사) : 어떤 일을 시행함.   事物(사물) : 일과 물건.

上 윗 상

上	上	上				
윗 상	윗 상	윗 상				

부수	一
획수	총3획

丨 卜 上

교과서
한자어휘

上體(상체) : 몸의 윗부분.   上京(상경) : 지방에서 서울로 감.
上空(상공) : 높은 하늘. 어떤 지역의 위쪽 공중.

姓	姓	姓	姓				
성씨 성	성씨 성	성씨 성	성씨 성				

부수	女
획수	총8획

乚 女 女 女 妒 妒 姓 姓

姓名(성명) : 성과 이름을 아울러 이르는 말. 同姓(동성) : 같은 성.
通姓名(통성명) : 처음 인사할 때 서로 성과 이름을 알려 줌.

世	世	世	世				
인간 세/대 세	인간 세	인간 세	인간 세				

부수	一
획수	총5획

一 十 卅 卅 世

世界(세계) : 지구 상의 모든 나라. 世上(세상) : 사람이 살고 있는 모든 사회.
別世(별세) : 윗사람이 세상을 떠남.

다음 빈칸에 알맞은 한자와 음을 쓰세요.

☐空(상공) ☐名(성명) 事物(☐☐)

行☐(행사) ☐體(상체) 不足(☐☐)

☐安(불안) ☐界(세계) 同姓(☐☐)

手	手	手	手		
손 수	손 수	손 수	손 수		
부수	手				
획수	총4획				

一 二 三 手

교과서 한자어휘　手足(수족) : 손발.　手工(수공) : 손으로 하는 간단한 공예.
失手(실수) : 조심하지 아니하여 잘못함.

市	市	市	市		
저자 시	저자 시	저자 시	저자 시		
부수	巾				
획수	총5획				

丶 亠 宀 市 市

교과서 한자어휘　市內(시내) : 도시의 안.　市場(시장) : 여러 가지 상품을 모아 놓고 사고파는 일정한 장소.
門前成市(문전성시) : 찾아오는 사람이 많아 집 앞이 시장을 이루다시피 함.

時	時	時	時		
때 시	때 시	때 시	때 시		
부수	日				
획수	총10획				

丨 冂 冂 日 日 旷 旷 旷 時 時

교과서 한자어휘　時間(시간) : 어떤 때에서 어떤 때까지의 사이.
時代(시대) : 역사적으로 구분한 일정한 기간.

食	食	食	食				
밥 식/먹을 식	밥 식	밥 식	밥 식				
부수	食						
획수	총9획						

丿 𠆢 ∧ 今 今 食 食 食 食

衣食住(의식주) : 옷과 음식과 집을 함께 이르는 말. 食事(식사) : 끼니로 음식을 먹음.
食口(식구) : 한집에서 함께 살면서 끼니를 같이하는 사람.

安	安	安	安				
편안 안	편안 안	편안 안	편안 안				
부수	宀						
획수	총6획						

丶 丷 宀 亽 安 安

安定(안정) : 바뀌지 않고 일정한 상태를 유지함. 問安(문안) : 웃어른께 안부를 여쭘.
便安(편안) : 편하고 걱정 없이 좋음.

다음 빈칸에 알맞은 한자와 음을 쓰세요.

☐定(안정)   ☐口(식구)   時代(☐☐)

失☐(실수)   便☐(편안)   手足(☐☐)

☐內(시내)   ☐間(시간)   市場(☐☐)

午	午	午	午			
낮 오	낮 오	낮 오	낮 오			

부수	十
획수	총4획

ノ ト 二 午

교과서 한자어휘 午前(오전) : 밤 열두 시부터 낮 열두 시까지의 시간. 正午(정오) : 낮 열두 시.
午後(오후) : 낮 열두 시부터 밤 열두 시까지의 시간.

右	右	右	右			
오른쪽 우	오른쪽 우	오른쪽 우	오른쪽 우			

부수	口
획수	총5획

ノ ナ 才 右 右

교과서 한자어휘 左右(좌우) : 왼쪽과 오른쪽. 右方(우방) : 오른쪽.
左右合作(좌우합작) : 좌익 세력과 우익 세력이 서로 연합함.

子	子	子	子			
아들 자	아들 자	아들 자	아들 자			

부수	子
획수	총3획

ㄱ 了 子

교과서 한자어휘 子女(자녀) : 아들과 딸. 父子(부자) : 아버지와 아들.
孫子(손자) : 아들의 아들. 또는 딸의 아들.

自	自	自	自			
스스로 자	스스로 자	스스로 자	스스로 자			

부수	自
획수	총6획

ˊ ㄱ ㄇ 自 自 自

自身(자신) : 그 사람의 몸. 또는 바로 그 사람.　自國(자국) : 자기 나라.
自立(자립) : 남에게 의지하지 않고 스스로 일어섬.

場	場	場	場			
마당 장	마당 장	마당 장	마당 장			

부수	土
획수	총12획

一 十 土 圵 圵 坍 坍 垾 場 場 場 場

場面(장면) : 어떤 장소에서 겉으로 드러난 면.
市場(시장) : 여러 가지 상품을 모아 놓고 사고파는 일정한 장소.

다음 빈칸에 알맞은 한자와 음을 쓰세요.

☐立(자립)　　父☐(부자)　　正午(☐☐)

左☐(좌우)　　☐面(장면)　　子女(☐☐)

☐後(오후)　　☐國(자국)　　自身(☐☐)

全	全	全	全
온전 전	온전 전	온전 전	온전 전

부수 入
획수 총6획

ノ 入 入 全 全 全

교과서 한자어휘
全校(전교) : 한 학교의 전체.　全國(전국) : 온 나라.
全部(전부) : 어떤 대상을 이루는 낱낱을 모두 합한 것.

前	前	前	前
앞 전	앞 전	앞 전	앞 전

부수 刂
획수 총9획

丶 丷 产 广 肖 肖 前 前 前

교과서 한자어휘
前夜(전야) : 어젯밤. 특정한 날을 기준으로 전날 밤.　前年(전년) : 지난해.
事前(사전) : 일이 일어나기 전. 또는 일을 시작하기 전.

電	電	電	電
번개 전	번개 전	번개 전	번개 전

부수 雨
획수 총13획

一 厂 戸 戸 雨 雨 雨 雷 雷 雷 雷 雷 電

교과서 한자어휘
電力(전력) : 전류가 단위 시간에 하는 일. 전기력.
電動車(전동차) : 전동기의 힘으로 레일 위를 달리는 기차.

正	正	正	正				
바를 정	바를 정	바를 정	바를 정				

부수	止
획수	총5획

一 丁 下 正 正

正面(정면) : 똑바로 마주 보이는 면. 正反對(정반대) : 완전히 반대되는 것.
正門(정문) : 건물의 정면에 있는 주 출입문.

足	足	足	足				
발 족	발 족	발 족	발 족				

부수	足
획수	총7획

丨 ㅁ ㅁ 口 甲 甲 足 足

手足(수족) : 손과 발. 失足(실족) : 발을 헛디딤.
不足(부족) : 기준에 미치지 못해 충분하지 아니함.

다음 빈칸에 알맞은 한자와 음을 쓰세요.

☐面(정면)　　　☐力(전력)　　　正門(☐☐)

☐校(전교)　　　不☐(부족)　　　全部(☐☐)

手☐(수족)　　　☐夜(전야)　　　事前(☐☐)

左	左	左	左			
왼쪽 좌	왼쪽 좌	왼쪽 좌	왼쪽 좌			
부수	工					
획수	총5획					

一 ナ 疒 左 左

교과서
한자어휘
左右(좌우) : 왼쪽과 오른쪽을 아울러 이르는 말. 左手(좌수) : 왼손.

直	直	直	直			
곧을 직	곧을 직	곧을 직	곧을 직			
부수	目					
획수	총8획					

一 ナ 疒 亢 亣 亩 直 直

교과서
한자어휘
直角(직각) : 두 직선이 만나서 이루는 90도의 각.
直線(직선) : 꺾이거나 굽은 데가 없는 곧은 선.

平	平	平	平			
평평할 평	평평할 평	평평할 평	평평할 평			
부수	干					
획수	총5획					

一 ㄏ 兲 兲 平

교과서
한자어휘
平面(평면) : 평평한 표면. 平和(평화) : 전쟁, 분쟁, 갈등이 없이 평온함.
平等(평등) : 권리, 의무, 자격 등이 차별 없이 고르고 한결같음.

下	下	下	下			
아래 하	아래 하	아래 하	아래 하			

부수	一
획수	총3획

一 丁 下

📖 교과서
한자어휘
下校(하교) : 공부를 마치고 학교에서 집으로 돌아옴. 下半身(하반신) : 허리 아래의 부분.
下水(하수) : 빗물이나 집, 공장, 병원 등에서 쓰고 버리는 더러운 물.

漢	漢	漢	漢			
한수 한/한나라 한	한수 한	한수 한	한수 한			

부수	氵
획수	총14획

丶 丶 氵 厂 汀 汀 洴 洴 漢 漢 漢 漢 漢 漢

📖 교과서
한자어휘
漢陽(한양) : 서울의 옛 이름. 漢江(한강) : 서울의 중심을 흐르는 강.
漢文學(한문학) : 한문을 연구하는 학문.

✒️ **다음 빈칸에 알맞은 한자와 음을 쓰세요.**

☐ 校(하교) ☐ 右(좌우) 直角(☐☐)

☐ 陽(한양) ☐ 線(직선) 平面(☐☐)

☐ 和(평화) ☐ 江(한강) 下水(☐☐)

월 일

海
바다 해

海	海	海			
바다 해	바다 해	바다 해			

부수	氵
획수	총10획

丶 丶 氵 氵 氵 汸 汇 海 海 海 海

교과서 한자어휘
海軍(해군) : 바다에서 공격과 방어를 맡는 군대. 海上(해상) : 바다의 위.
海女(해녀) : 바닷속에서 해삼, 전복, 미역 등을 따는 것을 직업으로 하는 여자.

話
말씀 화/말할 화

話	話	話			
말씀 화	말씀 화	말씀 화			

부수	言
획수	총13획

ㄱ ㄴ 乚 ㅌ 言 言 言 言 訂 訂 話 話 話

교과서 한자어휘
電話(전화) : 전화기를 이용해 말을 주고받음. 童話(동화) : 동심을 바탕으로 지은 이야기.
手話(수화) : 청각 장애인과 언어 장애인들이 몸짓이나 손짓으로 표현하는 의사 전달 방법.

活
살 활

活	活	活			
살 활	살 활	살 활			

부수	氵
획수	총9획

丶 丶 氵 氵 氵 汇 汗 汗 活 活

교과서 한자어휘
活氣(활기) : 활발한 기운. 生活(생활) : 활동하며 살아감. 생계나 살림을 꾸려 나감.
再活用(재활용) : 폐품 등의 용도를 바꾸거나 가공하여 다시 씀.

孝 효도 효	孝 효도 효	孝 효도 효	孝 효도 효			
부수	子					
획수	총7획					

一 十 土 耂 耂 孝 孝

孝女(효녀) : 부모를 잘 섬기는 딸. 孝道(효도) : 부모를 정성껏 잘 섬기는 일.
不孝(불효) : 부모를 잘 섬기지 아니하여 자식 된 도리를 하지 못함.

後 뒤 후	後 뒤 후	後 뒤 후	後 뒤 후			
부수	彳					
획수	총9획					

丿 彳 彳 彳 彳 彳 彳 後 後

後記(후기) : 본문 끝에 덧붙여 기록함. 死後(사후) : 죽은 뒤.
後方(후방) : 향하고 있는 방향과 반대되는 방향.

다음 빈칸에 알맞은 한자와 음을 쓰세요.

☐記 (후기)   電☐ (전화)   童話 (☐☐)

☐女 (해녀)   ☐道 (효도)   生活 (☐☐)

再☐用 (재활용)   ☐軍 (해군)   孝女 (☐☐)

7급Ⅱ 연습 문제

1 다음 밑줄 친 漢字語(한자어)의 音(음:소리)을 쓰세요.

> 보기
>
> 漢字 → 한자

1) 신문에서 <u>記事</u>를 읽었습니다.

2) <u>學生</u>들이 등교를 합니다.

3) <u>市場</u>에 들러 장을 보았습니다.

4) 전시회에서 <u>名作</u>을 감상했습니다.

5) 복도를 지나 <u>教室</u>에 들어갔습니다.

2 다음 漢字(한자)의 훈(訓:뜻)과 음(音:소리)을 쓰세요.

> 보기
>
> 字 → 글자 자

1) 農   2) 姓   3) 直

4) 話   5) 後   6) 手

2. 1) 농사 농 2) 성씨 성 3) 곧을 직 4) 말씀 화 5) 뒤 후 6) 손 수
1. 1) 기사 2) 학생 3) 시장 4) 명작 5) 교실

③ 다음 밑줄 친 漢字語(한자어)의 漢字(한자)를 〈보기〉에서 골라 번호를 쓰세요.

보기

①失手 ②正門 ③父子 ④子女 ⑤正面

1) 정문으로 들어가야 합니다.

2) 자녀 수가 줄어들고 있습니다.

3) 시험에서 실수가 많았습니다.

④ 다음 훈(訓:뜻)과 음(音:소리)에 맞는 漢字(한자)를 〈보기〉에서 골라 번호를 쓰세요.

보기

①物 ②家 ③安 ④午 ⑤空 ⑥活 ⑦孝 ⑧平 ⑨答

1) 대답 답	2) 집 가	3) 살 활
4) 빌 공	5) 효도 효	6) 평평할 평
7) 물건 물	8) 편안 안	9) 낮 오

7급

한자
따라쓰기

*7급의 출제 범위는 총 150자이며, 7급 한자 50자와 하위 급수 한자 100자를 포함합니다.

歌 노래 가	口 입 구	旗 기 기/깃발 기	冬 겨울 동	同 한가지 동
洞 골 동/밝을 통	登 오를 등	來 올 래(내)	老 늙을 로(노)	里 마을 리(이)
林 수풀 림(임)	面 낯 면	命 목숨 명	文 글월 문	問 물을 문
百 일백 백	夫 지아비 부	算 셈 산	色 빛 색	夕 저녁 석
少 적을 소	所 바 소/곳 소	數 셈 수	植 심을 식	心 마음 심
語 말씀 어	然 그럴 연	有 있을 유	育 기를 육	邑 고을 읍
入 들 입	字 글자 자	祖 할아비 조/조상 조	主 주인 주/임금 주	住 살 주
重 무거울 중	地 땅 지	紙 종이 지	川 내 천	千 일천 천
天 하늘 천	草 풀 초	村 마을 촌	秋 가을 추	春 봄 춘
出 날 출	便 편할 편/똥오줌 변	夏 여름 하	花 꽃 화	休 쉴 휴

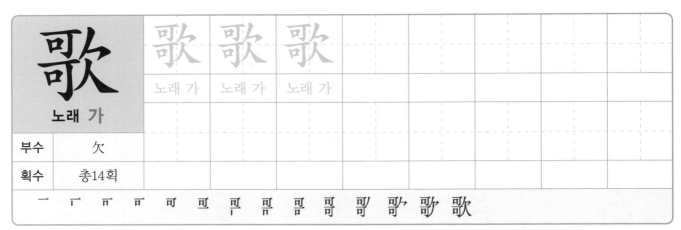

21일차

월   일

歌	歌	歌	歌		
노래 가	노래 가	노래 가	노래 가		

부수	欠
획수	총14획

一 厂 厂 厂 可 可 哥 哥 哥 哥 哥 哥 歌 歌

교과서 한자어휘
歌手(가수) : 노래 부르는 것이 직업인 사람. 校歌(교가) : 학교를 상징하는 노래.
愛國歌(애국가) : 나라를 사랑하는 뜻으로 온 국민이 부르는 우리나라의 노래.

口	口	口	口		
입 구	입 구	입 구	입 구		

부수	口
획수	총3획

丨 冂 口

교과서 한자어휘
口語(구어) : 일상적인 대화에서 쓰는 말. 入口(입구) : 들어가는 통로. 들어오는 곳.
出口(출구) : 밖으로 나갈 수 있는 통로. 나가는 곳.

旗	旗	旗	旗		
기 기/깃발 기	기 기	기 기	기 기		

부수	方
획수	총14획

丶 亠 亠 方 方 扩 扩 扩 斿 斿 旃 旌 旗 旗

교과서 한자어휘
國旗(국기) : 나라를 상징하는 깃발. 校旗(교기) : 학교를 상징하는 깃발.
太極旗(태극기) : 대한민국의 국기.

冬							
	冬	冬	冬				
겨울 동	겨울 동	겨울 동	겨울 동				

부수	㇀
획수	총5획

丿 ク 夂 冬 冬

교과서 한자어휘 立冬(입동) : 24절기의 하나로, 겨울이 시작됨을 이름.
冬服(동복) : 겨울철에 입는 옷.

同							
	同	同	同				
한가지 동	한가지 동	한가지 동	한가지 동				

부수	口
획수	총6획

丨 冂 冂 同 同 同

교과서 한자어휘 同名(동명) : 같은 이름. 協同(협동) : 서로 마음과 힘을 하나로 합함.
同苦同樂(동고동락) : 괴로움도 즐거움도 함께함.

다음 빈칸에 알맞은 한자와 음을 쓰세요.

國 ☐ (국기)

協 ☐ (협동)

愛國歌 (☐ ☐ ☐)

☐ 服 (동복)

☐ 手 (가수)

太極旗 (☐ ☐ ☐)

入 ☐ (입구)

立 ☐ (입동)

出口 (☐ ☐)

월   일

洞	洞	洞	洞				
골 동/밝을 통	골 동	골 동	골 동				
부수	氵						
획수	총9획						

丶 丶 氵 氵 沪 泂 洞 洞 洞

교과서 한자어휘
洞口(동구) : 동네 어귀. 洞窟(동굴) : 자연적으로 생긴 깊고 넓은 큰 굴.
洞察(통찰) : 예리한 관찰력으로 사물을 꿰뚫어 봄.

登	登	登	登				
오를 등	오를 등	오를 등	오를 등				
부수	癶						
획수	총12획						

ㄱ ㄱ ㅼ ㅼ 癶 癶 癶 癶 癶 癶 登 登

교과서 한자어휘
登錄(등록) : 자격 조건을 갖추기 위해 단체나 학교 등에 문서를 올림.
登校(등교) : 학생이 학교에 감. 登用(등용) : 인재를 뽑아서 씀.

來	來	來	來				
올 래(내)	올 래	올 래	올 래				
부수	人						
획수	총8획						

一 厂 厈 厈 來 來 來 來

교과서 한자어휘
來年(내년) : 올해의 다음 해. 近來(근래) : 가까운 요즈음.
來韓(내한) : 외국인이 한국에 옴.

老	老	老	老			
늙을 로(노)	늙을 로	늙을 로	늙을 로			

부수	老
획수	총6획

一 十 土 耂 耂 老

교과서 한자어휘 老年(노년) : 나이가 들어 늙은 때.　老弱者(노약자) : 늙거나 약한 사람.
老木(노목) : 오래 살아 생장 활동이 활발하지 못한 늙은 나무.

里	里	里	里			
마을 리(이)	마을 리	마을 리	마을 리			

부수	里
획수	총7획

丨 冂 冂 曰 旦 里 里

교과서 한자어휘 里長(이장) : 행정 구역인 동리를 대표하여 일을 맡아보는 사람.
萬里長城(만리장성) : 중국의 북쪽에 있는 성. 크고 긴 장벽을 비유적으로 일컫기도 함.

다음 빈칸에 알맞은 한자와 음을 쓰세요.

☐ 窟(동굴)　　☐ 察(통찰)　　登用(☐ ☐)

☐ 校(등교)　　近 ☐(근래)　　來年(☐ ☐)

☐ 長(이장)　　☐ 年(노년)　　老木(☐ ☐)

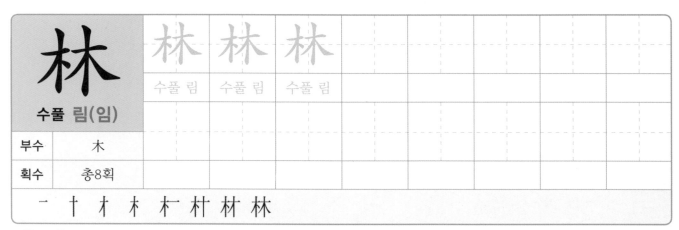

林

수풀 림(임)

부수	木
획수	총8획

林 林 林
수풀 림　수풀 림　수풀 림

一 十 才 木 木 村 材 林

교과서 한자어휘
山林(산림) : 산과 숲. 산에 있는 숲.　林野(임야) : 숲과 들.
農林(농림) : 농사짓는 일과 나무 기르는 일. 농림업.

面

낯 면

부수	面
획수	총9획

面 面 面
낯 면　낯 면　낯 면

一 丆 丆 百 而 而 面 面 面

교과서 한자어휘
三面(삼면) : 세 방면.　兩面(양면) : 사물의 두 면. 두 가지 방면.
方面(방면) : 어떤 장소나 지역이 있는 방향. 어떤 분야.

命

목숨 명

부수	口
획수	총8획

命 命 命
목숨 명　목숨 명　목숨 명

丿 人 人 合 合 合 命 命

교과서 한자어휘
命中(명중) : 화살이나 총알 등이 겨냥한 곳에 바로 맞음.　天命(천명) : 타고난 운명.
生命(생명) : 사람이 살아서 숨 쉬고 활동할 수 있게 하는 힘.

文	文	文	文				
글월 문	글월 문	글월 문	글월 문				
부수	文						
획수	총4획						

丶 亠 ナ 文

교과서 한자어휘
文學(문학) : 사상이나 감정을 언어로 표현한 작품.
文具(문구) : 학용품과 사무용품 등을 이르는 말.

問	問	問	問				
물을 문	물을 문	물을 문	물을 문				
부수	口						
획수	총11획						

丨 冂 冂 冃 冃 門 門 門 門 問 問

교과서 한자어휘
問答(문답) : 물음과 대답. 問題(문제) : 해답을 필요로 하는 물음.
學問(학문) : 어떤 분야를 배워서 익힘.

다음 빈칸에 알맞은 한자와 음을 쓰세요.

☐答(문답)   學☐(학문)   林野(☐☐)

生☐(생명)   山☐(산림)   天命(☐☐)

三☐(삼면)   ☐學(문학)   方面(☐☐)

월   일

百

일백 백

부수	白
획수	총6획

百 百 百
일백 백 　일백 백 　일백 백

一 丆 丆 百 百 百

교과서 한자어휘 百方(백방) : 여러 가지 방법. 또는 여러 방면. 百姓(백성) : 국민을 예스럽게 이르는 말.
百戰百勝(백전백승) : 싸울 때마다 매번 이김.

夫

지아비 부

부수	大
획수	총4획

夫 夫 夫
지아비 부 　지아비 부 　지아비 부

一 二 丰 夫

교과서 한자어휘 農夫(농부) : 농사짓는 일을 직업으로 하는 사람.
工夫(공부) : 학문이나 기술을 배우고 익힘.

算

셈 산

부수	竹
획수	총14획

算 算 算
셈 산 　셈 산 　셈 산

丿 𥫗 𥫗 𥫗 筲 笪 竹 竹 笪 管 笪 筧 算 算

교과서 한자어휘 計算(계산) : 수를 헤아림. 勝算(승산) : 이길 수 있는 가능성.
豫算(예산) : 필요한 비용을 미리 가늠하여 계산함. 또는 그 비용.

色 빛 색	色	色	色			
	빛 색	빛 색	빛 색			
부수 色						
획수 총6획						

丿 ⺈ ⺈ 与 仝 色色

五色(오색) : 다섯 가지의 빛깔. 特色(특색) : 보통의 것과 다른 점.
色鉛筆(색연필) : 여러 가지 색깔이 나게 만든 연필.

夕 저녁 석	夕	夕	夕			
	저녁 석	저녁 석	저녁 석			
부수 夕						
획수 총3획						

丿 ⺈ 夕

秋夕(추석) : 우리나라 명절의 하나. 음력 팔월 보름날. 한가위.
夕陽(석양) : 저녁때의 저무는 해. 朝夕(조석) : 아침과 저녁.

다음 빈칸에 알맞은 한자와 음을 쓰세요.

計☐(계산)   秋☐(추석)   特色(☐☐)

農☐(농부)   ☐姓(백성)   工夫(☐☐)

☐方(백방)   五☐(오색)   朝夕(☐☐)

少 적을 소

부수	小
획수	총4획

少 少 少
적을 소   적을 소   적을 소

丿 小 小 少

교과서 한자어휘
多少(다소) : 많음과 적음. 少數(소수) : 적은 수효.
老少(노소) : 늙은이와 젊은이.

所 바 소/곳 소

부수	戶
획수	총8획

所 所 所
바 소   바 소   바 소

一 彡 彡 戶 戶 所 所 所

교과서 한자어휘
住所(주소) : 사람이 살고 있는 곳이나 기관, 회사 등이 있는 행정 구역의 이름.
場所(장소) : 어떤 일이 이루어지거나 일어나는 곳.

數 셈 수

부수	攵
획수	총15획

數 數 數
셈 수   셈 수   셈 수

丨 冂 冃 � 串 串 甼 曲 婁 婁 婁 婁 數 數

교과서 한자어휘
數萬(수만) : 만의 두서너 배가 되는 수. 等數(등수) : 등급에 따라 정한 차례.
分數(분수) : 어떤 정수를 다른 정수로 나눈 결과를 가로줄을 그어 나타낸 수.

植	植	植	植			
심을 식	심을 식	심을 식	심을 식			

부수	木
획수	총12획

一 十 十 木 村 村 村 杆 柿 植 植 植

교과서 한자어휘 植木日(식목일) : 4월 5일. 나무를 많이 심고 가꾸도록 권장하기 위해 국가에서 정한 날.
植物(식물) : 동물과 함께 생물계의 두 갈래 가운데 하나.

心	心	心	心			
마음 심	마음 심	마음 심	마음 심			

부수	心
획수	총4획

丶 心 心 心

교과서 한자어휘 心理(심리) : 마음이 움직이는 상태. 心身(심신) : 마음과 몸을 아울러 이르는 말.
中心(중심) : 사물이나 행동에서 매우 중요한 부분. 한가운데.

다음 빈칸에 알맞은 한자와 음을 쓰세요.

中 □ (중심)　　多 □ (다소)　　老少 (□ □)

住 □ (주소)　　□ 理 (심리)　　心身 (□ □)

□ 物 (식물)　　分 □ (분수)　　場所 (□ □)

語	語	語	語			
말씀 어	말씀 어	말씀 어	말씀 어			

부수	言
획수	총14획

` 一 二 言 言 言 言 言 訂 訂 語 語 語 語 語 `

교과서 한자어휘
外國語(외국어) : 다른 나라의 말. 古語(고어) : 오늘날은 쓰지 않는 옛날의 말.
言語(언어) : 생각이나 느낌을 소리나 글자로 나타내는 수단.

然	然	然	然			
그럴 연	그럴 연	그럴 연	그럴 연			

부수	灬
획수	총12획

` ノ ク タ ク ク ク 妖 妖 妖 然 然 然 `

교과서 한자어휘
自然(자연) : 사람의 힘이 더해지지 않은 저절로 생겨난 산, 강, 바다, 동식물 등의 존재.
本然(본연) : 본디 생긴 그대로의 타고난 상태.

有	有	有	有			
있을 유	있을 유	있을 유	있을 유			

부수	月
획수	총6획

` ノ ナ ナ 有 有 有 `

교과서 한자어휘
有利(유리) : 이익이 있음. 有用(유용) : 쓸모가 있음.
有名(유명) : 이름이 널리 알려져 있음.

育 기를 육	育	育	育			
	기를 육	기를 육	기를 육			

부수	月
획수	총8획

` 亠 云 云 产 育 育 育

교과서 한자어휘
教育(교육) : 지식과 기술 등을 가르치며 인격을 길러 줌.
訓育(훈육) : 품성이나 도덕 등을 가르쳐 기름.

邑 고을 읍	邑	邑	邑			
	고을 읍	고을 읍	고을 읍			

부수	邑
획수	총7획

丨 丩 丗 吊 吊 邑 邑

교과서 한자어휘
都邑(도읍) : 한 나라의 정부가 있는 곳. 서울.
邑內(읍내) : 읍의 구역 안. 읍과 리.

다음 빈칸에 알맞은 한자와 음을 쓰세요.

外國□(외국어)   自□(자연)   有用(□□)

教□(교육)   □名(유명)   言語(□□)

都□(도읍)   訓□(훈육)   邑內(□□)

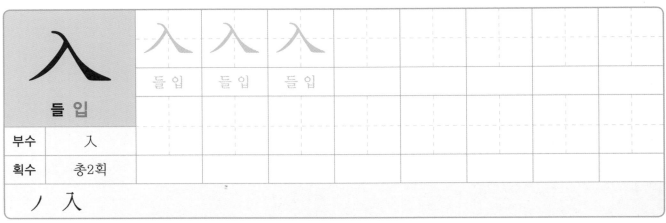

27일차

월 일

入 들 입	入	入	入				
	들입	들입	들입				
부수 入							
획수 총2획							

ノ 入

교과서 한자어휘

入學(입학) : 공부하기 위해 학교에 들어감.

入場(입장) : 식장 같은 장내로 들어가는 것.

字 글자 자	字	字	字				
	글자 자	글자 자	글자 자				
부수 子							
획수 총6획							

丶 宀 宀 字 字 字

교과서 한자어휘

正字(정자) : 서체가 바르고 또박또박 쓴 글자.

數字(숫자) : 수를 나타내는 글자.

祖 할아비 조/조상 조	祖	祖	祖				
	할아비 조	할아비 조	할아비 조				
부수 示							
획수 총10획							

一 亍 亓 示 剂 祀 袒 祖 祖

교과서 한자어휘

祖父母(조부모) : 할아버지와 할머니를 아울러 이르는 말.

祖國(조국) : 조상 때부터 살던 나라.

主	主	主	主		
주인 주/임금 주	주인 주	주인 주	주인 주		

부수	、
획수	총5획

`、 ㅗ 亠 宀 主`

主食(주식) : 밥이나 빵처럼 끼니에 주로 먹는 음식.　主人(주인) : 소유한 사람.
主題(주제) : 대화나 연구 등에서 중심이 되는 문제.

住	住	住	住		
살 주	살 주	살 주	살 주		

부수	亻
획수	총7획

`ノ 亻 亻 个 个 住 住`

住宅(주택) : 사람이 살 수 있게 지은 건물. 단독 주택.
住民(주민) : 일정한 지역에 살고 있는 사람.

다음 빈칸에 알맞은 한자와 음을 쓰세요.

☐人(주인)　　☐場(입장)　　數字(☐☐)

正☐(정자)　　☐民(주민)　　入學(☐☐)

☐宅(주택)　　☐國(조국)　　主食(☐☐)

重 무거울 중

重	重	重				
무거울 중	무거울 중	무거울 중				

부수	里
획수	총9획

一 一 一 一 一 一 一 重 重

교과서 한자어휘 體重(체중) : 몸무게. 自重(자중) : 말이나 행동 등을 신중하게 함.
重力(중력) : 지구 위의 물체가 지구로부터 받는 힘.

地 땅 지

地	地	地				
땅 지	땅 지	땅 지				

부수	土
획수	총6획

一 十 土 圵 圵 地

교과서 한자어휘 地方(지방) : 서울 이외의 지역. 地下道(지하도) : 땅속에 만든 길.
綠地(녹지) : 풀이나 나무가 우거진 곳.

紙 종이 지

紙	紙	紙				
종이 지	종이 지	종이 지				

부수	糸
획수	총10획

ㄑ ㄠ ㄠ 幺 糸 糸 糸 紅 紙 紙

교과서 한자어휘 新聞紙(신문지) : 신문 기사를 실은 종이. 表紙(표지) : 책의 맨 앞뒤에 있는 겉장.
便紙(편지) : 안부, 소식 등을 적어 보내는 글.

川	川	川	川			
내 천	내 천	내 천	내 천			

부수	川
획수	총3획

丿 川 川

山川(산천) : 산과 내를 아울러 이르는 말. 자연.
河川(하천) : 강과 시내를 아울러 이르는 말.

千	千	千	千			
일천 천	일천 천	일천 천	일천 천			

부수	十
획수	총3획

一 二 千

千字文(천자문) : 중국 양나라 주흥사가 지은 책으로 1,000자(字)로 이루어진 책.
千萬(천만) : 만의 천 배가 되는 수.

다음 빈칸에 알맞은 한자와 음을 쓰세요.

便[ ](편지)   [ ]萬(천만)   體重([ ][ ])

[ ]力(중력)   山[ ](산천)   表紙([ ][ ])

[ ]方(지방)   綠[ ](녹지)   河川([ ][ ])

天	天	天	天				
하늘 천	하늘 천	하늘 천	하늘 천				

부수	大
획수	총4획

一 二 于 天

교과서 한자어휘
開天節(개천절) : 10월 3일. 우리나라의 건국을 기념하기 위해 제정한 국경일.
天才(천재) : 선천적으로 뛰어난 재주. 또는 그런 재능을 가진 사람.

草	草	草	草				
풀 초	풀 초	풀 초	풀 초				

부수	艹
획수	총10획

一 十 # 艹 芢 苩 芢 芔 苩 草

교과서 한자어휘
草綠色(초록색) : 풀의 빛깔 같은 파랑과 노랑의 중간색.
草食動物(초식동물) : 식물을 주로 먹고 사는 동물.

村	村	村	村				
마을 촌	마을 촌	마을 촌	마을 촌				

부수	木
획수	총7획

一 十 才 木 杧 村 村

교과서 한자어휘
農村(농촌) : 주민 대부분이 농업에 종사하는 마을이나 지역.
民俗村(민속촌) : 고유한 민속을 간직하고 있는 마을.

秋	秋	秋	秋				
가을 추	가을 추	가을 추	가을 추				

부수	禾
획수	총9획

一 二 千 禾 禾 禾 秒 秋 秋

立秋(입추) : 24절기의 하나로, 가을이 시작되는 시기.
秋收(추수) : 가을에 익은 곡식을 거두어들임.

春	春	春	春				
봄 춘	봄 춘	봄 춘	봄 춘				

부수	日
획수	총9획

一 二 三 丰 夫 夫 春 春 春

靑春(청춘) : 십 대 후반에서 이십 대 무렵의 젊은 나이.
立春(입춘) : 24절기의 하나로, 봄이 시작되는 시기.

다음 빈칸에 알맞은 한자와 음을 쓰세요.

☐綠色(초록색)   ☐才(천재)   民俗村(☐☐☐)

開☐節(개천절)   農☐(농촌)   秋收(☐☐)

立☐(입추)   立☐(입춘)   靑春(☐☐)

出

날 출

出	出	出				
날출	날출	날출				

부수	凵
획수	총5획

丨 屮 屮 出 出

교과서 한자어휘

出席(출석) : 어떤 자리에 참석함. 出生地(출생지) : 사람이 태어난 곳.
出發(출발) : 목적지를 향하여 나아감. 어떤 일을 시작함.

便

편할 편/똥오줌 변

便	便	便				
편할 편	편할 편	편할 편				

부수	亻
획수	총9획

丿 亻 仁 仟 仟 佰 佰 便 便

교과서 한자어휘

不便(불편) : 몸이나 마음이 편하지 않고 괴로움.
用便(용변) : 대변이나 소변을 봄.

夏

여름 하

夏	夏	夏				
여름 하	여름 하	여름 하				

부수	夂
획수	총10획

一 一 一 丆 丏 百 百 頁 夏 夏

교과서 한자어휘

春夏秋冬(춘하추동) : 봄, 여름, 가을, 겨울의 네 계절.
夏服(하복) : 여름철에 입는 옷.

花 꽃 화	花 꽃화	花 꽃화	花 꽃화			

부수	⺾
획수	총8획

一 十 十 艹 艹 花 花 花

교과서 한자어휘 開花(개화) : 풀이나 나무의 꽃이 핌. 花冠(화관) : 아름답게 장식한 관.
花草(화초) : 관상용이 되는 모든 식물을 통틀어 이르는 말.

休 쉴 휴	休 쉴휴	休 쉴휴	休 쉴휴			

부수	亻
획수	총6획

丿 亻 亻 仆 休 休

교과서 한자어휘 休學(휴학) : 질병이나 기타 사정으로 일정 기간 동안 학교를 쉬는 일.
休日(휴일) : 일요일이나 공휴일 등 일을 하지 않고 쉬는 날.

다음 빈칸에 알맞은 한자와 음을 쓰세요.

☐日(휴일) ☐草(화초) 出席(☐☐)

☐發(출발) ☐服(하복) 不便(☐☐)

用☐(용변) ☐學(휴학) 開花(☐☐)

7급 연습 문제

1 다음 밑줄 친 漢字語(한자어)의 音(음:소리)을 쓰세요.

> 보기
>
> 漢字 → 한자

1) 지하철에서 <u>老弱者</u>를 배려해야 합니다.

2) <u>休日</u>에도 쉬지 않고 일을 합니다.

3) <u>歌手</u>가 노래를 합니다.

4) 요즘 부쩍 <u>體重</u>이 늘었습니다.

5) 내년에는 중학교에 <u>入學</u>합니다.

2 다음 漢字(한자)의 훈(訓:뜻)과 음(音:소리)을 쓰세요.

> 보기
>
> 字 → 글자 자

1) 同   2) 命   3) 少

4) 登   5) 色   6) 語

2. 1) 한가지 동 2) 목숨 명 3) 적을 소 4) 오를 등 5) 빛 색 6) 말씀 어

1. 1) 노약자 2) 휴일 3) 가수 4) 체중 5) 입학

3 다음 밑줄 친 漢字語(한자어)의 漢字(한자)를 〈보기〉에서 골라 번호를 쓰세요.

보기

①住民 ②山川 ③住宅 ④河川 ⑤有名

1) 유명 작가에게 사인을 받았습니다.

2) 단독 주택에 살고 있습니다.

3) 하천을 보호해야 합니다.

4 다음 훈(訓:뜻)과 음(音:소리)에 맞는 漢字(한자)를 〈보기〉에서 골라 번호를 쓰세요.

보기

①冬 ②夕 ③植 ④文 ⑤紙 ⑥草 ⑦春 ⑧然 ⑨算

1) 글월 문   2) 겨울 동   3) 종이 지

4) 셈 산   5) 심을 식   6) 봄 춘

7) 그럴 연   8) 풀 초   9) 저녁 석

정답

4. 1) ④ 2) ① 3) ⑤ 4) ⑨ 5) ③ 6) ⑦ 7) ⑧ 8) ⑥ 9) ②
3. 1) ⑤ 2) ③ 3) ④

6급Ⅱ

한자
따라쓰기

各 각각 각	角 뿔 각	界 지경 계
果 실과 과	科 과목 과	光 빛 광
代 대신할 대	對 대할 대 / 대답할 대	圖 그림 도
理 다스릴 리(이)	明 밝을 명	聞 들을 문
部 떼 부 / 거느릴 부	分 나눌 분	社 모일 사
消 사라질 소	術 재주 술	始 비로소 시 / 처음 시
藥 약 약	業 업 업 / 일 업	用 쓸 용
作 지을 작	昨 어제 작	才 재주 재
集 모을 집	窓 창 창	淸 맑을 청
形 모양 형	和 화할 화	會 모일 회

計 셀 계	高 높을 고	功 공 공	公 공평할 공	共 한가지 공
球 공 구	今 이제 금	急 급할 급	短 짧을 단	堂 집 당
讀 읽을 독/구절 두	童 아이 동	等 무리 등/등급 등	樂 즐길 락(낙)/노래 악/좋아할 요	利 이로울 리(이)
反 돌이킬 반/돌아올 반	半 반 반	班 나눌 반	發 필 발	放 놓을 방
書 글 서	線 줄 선	雪 눈 설	成 이룰 성	省 살필 성/덜 생
身 몸 신	信 믿을 신	神 귀신 신	新 새 신	弱 약할 약
勇 날랠 용	運 옮길 운	音 소리 음	飮 마실 음	意 뜻 의
戰 싸움 전	庭 뜰 정	第 차례 제	題 제목 제	注 부을 주
體 몸 체	表 겉 표	風 바람 풍	幸 다행 행	現 나타날 현

*6급Ⅱ의 출제 범위는 총 225자이며, 6급Ⅱ 한자 75자와 하위 급수 한자 150자를 포함합니다.

월   일

各
각각 각

各	各	各
각각 각	각각 각	각각 각

부수	口
획수	총6획

ノ ク 夂 各 各 各

교과서 한자어휘   各國(각국) : 각각의 나라. 또는 여러 나라.   各種(각종) : 여러 종류.
各自(각자) : 각각의 자기 자신.

角
뿔 각

角	角	角
뿔 각	뿔 각	뿔 각

부수	角
획수	총7획

ノ ク ク 角 角 角 角

교과서 한자어휘   三角(삼각) : 세 개의 각. 삼각형.   角度(각도) : 한 점에서 갈라진 두 직선의 벌어진 정도.
多角形(다각형) : 셋 이상의 직선으로 둘러싸인 평면 도형. 삼각형, 사각형, 오각형 등.

界
지경 계

界	界	界
지경 계	지경 계	지경 계

부수	田
획수	총9획

丨 冂 冂 田 田 田 界 界 界

교과서 한자어휘   世界(세계) : 지구 상의 모든 나라. 또는 인류 사회 전체를 이르는 말.
各界(각계) : 사회의 각 분야.

計 셀 계	計	計	計			
	셀 계	셀 계	셀 계			
부수 言						
획수 총9획						

一 二 三 言 言 言 言 計 計

교과서 한자어휘 計算(계산) : 수를 헤아림. 合計(합계) : 합하여 계산함.
時計(시계) : 시간을 재거나 시각을 나타내는 기계나 장치.

高 높을 고	高	高	高			
	높을 고	높을 고	높을 고			
부수 高						
획수 총10획						

一 亠 亠 亠 高 高 高 高 高 高

교과서 한자어휘 高級(고급) : 품질이 뛰어나고 값이 비쌈. 高等學生(고등학생) : 고등학교에 다니는 학생.
高祖父(고조부) : 할아버지의 할아버지를 이르는 말.

다음 빈칸에 알맞은 한자와 음을 쓰세요.

三 [ ] (삼각)

[ ] 自 (각자)

[ ] 級 (고급)

[ ] 國 (각국)

[ ] 算 (계산)

世 [ ] (세계)

各種 ([ ] [ ])

角度 ([ ] [ ])

時計 ([ ] [ ])

功
공 공

功	功	功				
공공	공공	공공				

부수	力
획수	총5획

一 丁 工 功 功

교과서 한자어휘

功勞(공로) : 일을 마치거나 목적을 이루는 데 들인 노력과 수고.
成功(성공) : 목적하는 것을 이룸.

公
공평할 공

公	公	公				
공평할 공	공평할 공	공평할 공				

부수	八
획수	총4획

丿 八 公 公

교과서 한자어휘

公開(공개) : 어떤 사실이나 내용 등을 여러 사람에게 널리 터놓음.
公共(공공) : 국가나 사회 구성원에게 두루 관계되는 것.

共
한가지 공

共	共	共				
한가지 공	한가지 공	한가지 공				

부수	八
획수	총6획

一 十 卄 卄 共 共

교과서 한자어휘

共用(공용) : 함께 쓰는 물건. 共同(공동) : 둘 이상의 사람이나 단체가 함께 일을 함.
共感(공감) : 남의 감정, 의견 등에 자신도 그렇다고 느낌.

果	果	果	果		
실과 과	실과 과	실과 과	실과 과		

부수	木
획수	총8획

丨 冂 冃 日 旦 甲 果 果

교과서 한자어휘 靑果(청과) : 신선한 과일과 채소를 통틀어 이르는 말.
果樹園(과수원) : 과실나무를 심은 밭.

科	科	科	科		
과목 과	과목 과	과목 과	과목 과		

부수	禾
획수	총9획

一 二 千 千 禾 禾 禾 科 科

교과서 한자어휘 科學(과학) : 보편적인 진리나 법칙의 발견을 목적으로 한 체계적인 지식.
敎科書(교과서) : 학교에서 교재로 사용하기 위해 편찬한 책.

다음 빈칸에 알맞은 한자와 음을 쓰세요.

☐開(공개)　　☐勞(공로)　　公共(☐☐)

成☐(성공)　　靑☐(청과)　　共同(☐☐)

☐學(과학)　　☐感(공감)　　敎科書(☐☐☐)

光 빛 광	光 빛 광	光 빛 광	光 빛 광			
부수 儿						
획수 총6획						

丨 丨 丬 业 뽀 光

光明(광명) : 밝고 환함. 또는 밝은 미래나 희망을 상징하는 밝고 환한 빛.
夜光(야광) : 어둠 속에서 빛을 내는 물건.

球 공 구	球 공 구	球 공 구	球 공 구			
부수 王						
획수 총11획						

一 一 干 干 王 王 玎 玎 珙 球 球

地球(지구) : 우리 인류가 살고 있는 천체.
電球(전구) : 전류를 통하여 빛을 내는 기구.

今 이제 금	今 이제 금	今 이제 금	今 이제 금			
부수 人						
획수 총4획						

丿 人 스 今

今方(금방) : 말하고 있는 시점과 같거나 바로 조금 전에. 방금.
只今(지금) : 말하는 바로 이때.

急	急	急	急				
급할 급	급할 급	급할 급	급할 급				

부수	心
획수	총9획

丿 丿 ク ク ク ク 急 急 急

교과서 한자어휘 時急(시급) : 시각을 다툴 만큼 몹시 절박하고 급하게.
急速(급속) : 급하고 빠름.

短	短	短	短				
짧을 단	짧을 단	짧을 단	짧을 단				

부수	矢
획수	총12획

丿 丿 ᅩ 爿 爿 矢 矢 矢 知 知 知 短 短

교과서 한자어휘 一長一短(일장일단) : 장점도 있고 단점도 있어서 완전하지 않음.
短文(단문) : 짧은 글. 글을 아는 것이 넉넉하지 못함.

다음 빈칸에 알맞은 한자와 음을 쓰세요.

電□(전구)   只□(지금)   夜光(□□)

□明(광명)   □文(단문)   地球(□□)

時□(시급)   □速(급속)   今方(□□)

堂 집 당	堂 집당	堂 집당	堂 집당			
부수	土					
획수	총11획					

丶 丷 丷 ᵗᵗ ᵗᵗᵗ ᵗᵗᵗ 尚 尚 堂 堂 堂

교과서
한자어휘

敬老堂(경로당) : 노인들이 모여 여가를 즐길 수 있도록 마련한 공간.
食堂(식당) : 식사를 할 수 있게 시설을 갖춘 장소.

代 대신할 대	代 대신할 대	代 대신할 대	代 대신할 대			
부수	亻					
획수	총5획					

丿 亻 仁 代 代

교과서
한자어휘

交代(교대) : 어떤 일을 여럿이 나누어서 차례에 따라 맡아 함.
代行(대행) : 남을 대신해 행함. 代用(대용) : 대신해 다른 것을 씀.

對 대할 대/대답할 대	對 대할 대	對 대할 대	對 대할 대			
부수	寸					
획수	총14획					

丨 丨 丬 丬 丵 丵 丵 丵 丵 丵 丵 丵 對 對

교과서
한자어휘

對答(대답) : 부르는 말에 응하여 어떤 말을 하거나 또는 그 말.
對話(대화) : 마주 대하여 이야기를 주고받음.

圖	圖	圖	圖		
그림 도	그림 도	그림 도	그림 도		
부수	口				
획수	총14획				

| ⎸ | ⎹⎺ | ⎹⎺ | ⎹⎺ | ⎹⎺ | ⎹⎺ | ⎹⎺ | 圖 | 圖 | 圖 | 圖 | 圖 | 圖 | 圖 |

교과서
한자어휘
圖面(도면) : 토목, 기계 등의 구조나 설계. 또는 토지, 임야 등을 제도기를 써서 나타낸 그림.
圖表(도표) : 그림과 표. 圖章(도장) : 개인이나 단체의 이름을 새긴 물건.

讀	讀	讀	讀		
읽을 독/구절 두	읽을 독	읽을 독	읽을 독		
부수	言				
획수	총22획				

| ˋ | ˊ | ˈ | ˈ | ˈ | ˈ | 言 | 言 | 言 | 詰 | 詰 | 誌 | 讀 | 讀 | 讀 | 讀 | 讀 | 讀 | 讀 | 讀 | 讀 | 讀 |

교과서
한자어휘
讀後感(독후감) : 책이나 글 등을 읽고 난 뒤의 느낌을 적은 글.
讀者(독자) : 책, 신문, 잡지 등의 글을 읽는 사람.

다음 빈칸에 알맞은 한자와 음을 쓰세요.

☐面(도면)   ☐答(대답)   代用(☐☐)

☐行(대행)   交☐(교대)   讀者(☐☐)

食☐(식당)   ☐章(도장)   對話(☐☐)

월   일

童	童	童	童
아이 동	아이 동	아이 동	아이 동

부수	立
획수	총12획

丶 亠 立 立 音 音 音 音 音 童 童

교과서 한자어휘
童話(동화) : 동심을 바탕으로 지은 이야기. 童心(동심) : 어린아이의 마음.
童謠(동요) : 동심을 바탕으로 지은 노래.

等	等	等	等
무리 등	무리 등	무리 등	무리 등

부수	竹
획수	총12획

丿 𠂉 𠂉 竹 竹 竺 笭 等 笁 竺 等 等

교과서 한자어휘
等高線(등고선) : 지도에서 해발 고도가 같은 지점을 연결한 곡선.
等級(등급) : 여러 층으로 구분한 단계를 세는 단위.

樂	樂	樂	樂
즐길 락	즐길 락	즐길 락	즐길 락

부수	木
획수	총15획

丿 自 自 自 自 絈 絈 綝 樂 樂 樂 樂 樂 樂

즐길 락(낙)/노래 악/좋아할 요

교과서 한자어휘
樂園(낙원) : 안락하게 살 수 있는 즐거운 곳. 音樂(음악) : 가락으로 감정을 표현하는 예술.
樂山樂水(요산요수) : 산을 좋아하고 물을 좋아한다는 뜻으로, 자연을 즐기고 좋아함.

利	利	利	利			
이로울 리(이)	이로울 리	이로울 리	이로울 리			
부수	刂					
획수	총7획					

一 二 千 禾 禾 利 利

利用(이용) : 필요에 따라 이롭게 씀. 便利(편리) : 편하고 이로우며 이용하기 쉬움.
權利(권리) : 어떤 일을 행하거나 타인에게 당연히 요구할 수 있는 힘이나 자격.

理	理	理	理			
다스릴 리(이)	다스릴 리	다스릴 리	다스릴 리			
부수	王					
획수	총11획					

一 二 千 王 玗 玕 玾 珅 珅 理 理

道理(도리) : 사람이 어떤 입장에서 마땅히 행해야 할 바른길.
合理(합리) : 이론이나 이치에 합당함.

다음 빈칸에 알맞은 한자와 음을 쓰세요.

便☐(편리)　　道☐(도리)　　音樂(☐☐)

☐心(동심)　　☐園(낙원)　　童話(☐☐)

☐級(등급)　　☐謠(동요)　　利用(☐☐)

明 밝을 명

明	明	明				
밝을 명	밝을 명	밝을 명				

부수	日
획수	총8획

丨 冂 冂 日 日 明 明 明

교과서 한자어휘
明白(명백) : 의심 없이 아주 뚜렷함. 說明(설명) : 상대방이 잘 알 수 있도록 밝혀 말함.
發明(발명) : 새로운 기술이나 물건을 새로 생각하여 만들어 냄.

聞 들을 문

聞	聞	聞				
들을 문	들을 문	들을 문				

부수	耳
획수	총14획

丨 冂 冂 冂 冃 冃 門 門 門 門 門 閗 聞 聞

교과서 한자어휘
新聞(신문) : 사건에 대한 사실이나 해설을 널리 신속하게 전달하기 위한 정기 간행물.
後聞(후문) : 뒷소문. 所聞(소문) : 사람들 입에 오르내려 전해서 들리는 말.

反 돌이킬 반/돌아올 반

反	反	反				
돌이킬 반	돌이킬 반	돌이킬 반				

부수	又
획수	총4획

一 厂 厉 反

교과서 한자어휘
反省(반성) : 자신의 말이나 행동에 잘못이나 부족함이 없는지 돌이켜 봄.
反感(반감) : 반대하거나 반항하는 감정. 反問(반문) : 물음에 답하지 않고 되물음.

半	半	半	半				
반 반	반반	반반	반반				
부수	十						
획수	총5획						

丿 丷 厶 亼 半

교과서 한자어휘 韓半島(한반도) : 아시아 대륙의 동북쪽 끝에 있는 반도. 남북한을 달리 이르는 말.
上半身(상반신) : 허리 위의 부분. 半球(반구) : 구의 절반.

班	班	班	班				
나눌 반	나눌 반	나눌 반	나눌 반				
부수	王						
획수	총10획						

一 二 干 王 玉 珏 玗 玗 班 班

교과서 한자어휘 班長(반장) : 반을 대표하여 일을 맡아보는 사람.
合班(합반) : 두 학급 이상이 합침.

다음 빈칸에 알맞은 한자와 음을 쓰세요.

反☐(반문)   發☐(발명)   新聞(☐☐)

合☐(합반)   後☐(후문)   說明(☐☐)

☐球(반구)   ☐長(반장)   反省(☐☐)

월   일

發	發	發	發		
필 발	필발	필발	필발		

부수	癶
획수	총12획

｀ ｀ ｀ ｀ ｀ ｀ ｀ ｀ ｀ ｀ ｀ ｀ ｀

교과서 한자어휘
發表(발표) : 어떤 사실이나 작품 등을 세상에 널리 드러내 알림.
發生(발생) : 어떤 일이나 사물이 생겨남. 처음 일어남.

放	放	放	放		
놓을 방	놓을 방	놓을 방	놓을 방		

부수	攵
획수	총8획

｀ ｀ ｀ 方 扩 扩 放 放

교과서 한자어휘
放心(방심) : 마음을 다잡지 않고 풀어 놓아 버림.
放生(방생) : 사람에게 잡힌 생물을 놓아서 살려 줌.

部	部	部	部		
떼 부/거느릴 부	떼부	떼부	떼부		

부수	阝
획수	총11획

｀ ｀ ｀ 立 立 产 咅 咅 咅 部 部

교과서 한자어휘
部下(부하) : 아랫사람.   全部(전부) : 어떤 대상을 이루는 낱낱을 모두 합한 것.
部分(부분) : 전체를 몇 개로 나눈 것의 하나.

分	分	分	分		
나눌 분	나눌 분	나눌 분	나눌 분		

| 부수 | 刀 |
| 획수 | 총4획 |

丿 八 今 分

교과서 한자어휘 區分(구분) : 전체를 몇 개로 갈라 나눔. 分業(분업) : 손을 나누어서 일함.
分野(분야) : 여러 갈래로 나누어진 범위나 부분.

社	社	社	社		
모일 사	모일 사	모일 사	모일 사		

| 부수 | 示 |
| 획수 | 총8획 |

一 二 亍 亓 示 礻 社 社

교과서 한자어휘 社會(사회) : 같은 무리끼리 모여 이루는 집단. 社長(사장) : 회사의 대표자.
社交(사교) : 여러 사람이 모여 서로 사귐.

다음 빈칸에 알맞은 한자와 음을 쓰세요.

☐生(발생)   ☐分(부분)   社會(☐☐)

全☐(전부)   ☐長(사장)   發表(☐☐)

☐心(방심)   ☐業(분업)   分野(☐☐)

書 글 서

부수	日
획수	총10획

書 書 書
글 서 글 서 글 서

一 一 一 一 聿 聿 聿 書 書 書

교과서 한자어휘
敎科書(교과서) : 학교에서 교재로 사용하기 위해 편찬한 책.
書體(서체) : 글씨의 모양. 讀書(독서) : 책 읽기.

線 줄 선

부수	糸
획수	총15획

線 線 線
줄 선 줄 선 줄 선

〈 幺 幺 幺 糸 糸 糸 糸 紒 紒 紒 紒 線 線 線

교과서 한자어휘
一直線(일직선) : 한 방향으로 곧은 줄. 地平線(지평선) : 땅과 하늘이 맞닿아 보이는 경계.
線路(선로) : 기차나 전차의 바퀴가 굴러가도록 레일을 깔아 놓은 길.

雪 눈 설

부수	雨
획수	총11획

雪 雪 雪
눈 설 눈 설 눈 설

一 一 一 一 雨 雨 雪 雪 雪 雪 雪

교과서 한자어휘
白雪(백설) : 흰 눈. 大雪(대설) : 아주 많이 오는 눈.

成	成	成	成			
이룰 성	이룰 성	이룰 성	이룰 성			
부수	戈					
획수	총7획					

丿 厂 厂 厅 成 成 成

成功(성공) : 목적하는 것을 이룸. 成果(성과) : 이루어진 결과.
成長(성장) : 사람이나 동식물 등이 자라서 점점 커짐.

省	省	省	省			
살필 성/덜 생	살필 성	살필 성	살필 성			
부수	目					
획수	총9획					

丿 丿 小 少 少 省 省 省 省

反省(반성) : 자신의 말이나 행동에 잘못이나 부족함이 없는지 돌이켜 봄.
省墓(성묘) : 조상의 산소를 찾아가서 돌봄.

다음 빈칸에 알맞은 한자와 음을 쓰세요.

☐路(선로) 反☐(반성) 讀書(☐☐)

☐功(성공) ☐體(서체) 大雪(☐☐)

白☐(백설) ☐果(성과) 成長(☐☐)

월 일

消

사라질 소

부수	氵
획수	총10획

消 消 消
사라질 소 사라질 소 사라질 소

丶 丶 氵 氵 汁 汁 浐 浐 消 消 消

교과서 한자어휘

消失(소실) : 사라져 없어짐. 消火器(소화기) : 불을 끄는 기구.
消風(소풍) : 휴식을 위해서 야외에 나갔다 오는 일.

術

재주 술

부수	行
획수	총11획

術 術 術
재주 술 재주 술 재주 술

丿 彳 彳 彳 什 秫 秫 秫 術 術 術

교과서 한자어휘

美術(미술) : 공간 및 시각의 미를 표현하는 예술. 그림, 조각, 건축, 공예, 서예 등.
手術(수술) : 피부나 점막 등의 조직을 의료 기계로 자르거나 째거나 하여 병을 고치는 일.

始

비로소 시/처음 시

부수	女
획수	총8획

始 始 始
비로소 시 비로소 시 비로소 시

乚 乚 女 女 妒 妒 妒 始 始

교과서 한자어휘

始作(시작) : 어떤 일이나 행동을 처음으로 함.
始祖(시조) : 한 겨레의 맨 처음이 되는 조상.

身	身	身	身			
몸 신	몸 신	몸 신	몸 신			

부수	身
획수	총7획

`丿 亻 勹 㣺 㣺 身 身`

교과서 한자어휘
身體(신체) : 사람의 몸. 身長(신장) : 사람의 키.
身分(신분) : 개인의 사회적인 위치나 계급.

信	信	信	信			
믿을 신	믿을 신	믿을 신	믿을 신			

부수	亻
획수	총9획

`丿 亻 亻 亻 仁 仁 仨 信 信`

교과서 한자어휘
信用(신용) : 사람이나 사물이 틀림없다고 믿어 의심하지 않음. 믿음성의 정도.
自信(자신) : 어떤 일을 해낼 수 있다거나 일이 그렇게 되리라고 스스로 굳게 믿음.

다음 빈칸에 알맞은 한자와 음을 쓰세요.

☐作(시작) ┆ ☐風(소풍) ┆ 美術(☐☐)

☐體(신체) ┆ 手☐(수술) ┆ 身分(☐☐)

☐用(신용) ┆ ☐長(신장) ┆ 自信(☐☐)

神

귀신 신

부수	示
획수	총10획

神	神	神			
귀신 신	귀신 신	귀신 신			

`ー ニ 亍 亓 示 示 袖 袖 神 神`

📖 **교과서 한자어휘**
神話(신화) : 예로부터 사람들 사이에서 말로 전해져 오는 신을 중심으로 한 이야기.
山神靈(산신령) : 산을 지키고 다스리는 신.

新

새 신

부수	斤
획수	총13획

新	新	新			
새 신	새 신	새 신			

`立 立 立 立 立 辛 辛 亲 亲 新 新 新`

📖 **교과서 한자어휘**
新世代(신세대) : 새로운 세대. 흔히 20대 이하의 젊은 세대를 이름.
新技術(신기술) : 새로운 기술.

弱

약할 약

부수	弓
획수	총10획

弱	弱	弱			
약할 약	약할 약	약할 약			

`ㄱ ㄹ 弓 弓 弱 弱 弱 弱 弱 弱`

📖 **교과서 한자어휘**
強弱(강약) : 강함과 약함.   軟弱(연약) : 무르고 약함.
老弱者(노약자) : 늙거나 약한 사람.

藥	藥	藥	藥					
약 약	약 약	약 약	약 약					
부수	⺿							
획수	총19획							

一 十 ナ 艹 艹 艹 芍 芍 苩 苩 葝 䓖 藥 藥 藥 藥 藥 藥 藥

교과서 한자어휘 藥用(약용) : 약으로 씀. 韓藥(한약) : 한방에서 쓰는 약.
洋藥(양약) : 서양 의술로 만든 약.

業	業	業	業					
업 업/일 업	업 업	업 업	업 업					
부수	木							
획수	총13획							

丨 丨 丷 业 业 芈 芈 芈 丵 丵 睪 業 業

교과서 한자어휘 作業(작업) : 일을 함. 또는 그 일. 生業(생업) : 살아가기 위해 하는 일.
業體(업체) : 사업이나 기업의 주체.

다음 빈칸에 알맞은 한자와 음을 쓰세요.

☐技術(신기술)   強☐(강약)   新世代(☐☐☐)

☐體(업체)   ☐話(신화)   老弱者(☐☐☐)

☐用(약용)   作☐(작업)   韓藥(☐☐)

用	用	用	用			
쓸 용	쓸 용	쓸 용	쓸 용			

부수	用
획수	총5획

丿 刀 月 月 用

교과서 한자어휘 利用(이용) : 필요에 따라 이롭게 씀. 有用(유용) : 쓸모가 있음.
再活用(재활용) : 폐품 등의 용도를 바꾸거나 가공하여 다시 씀.

勇	勇	勇	勇			
날랠 용	날랠 용	날랠 용	날랠 용			

부수	力
획수	총9획

フ マ ア 丙 丙 甬 甬 勇 勇

교과서 한자어휘 勇敢(용감) : 용기가 있으며 씩씩하고 기운참.
勇氣(용기) : 씩씩하고 굳센 기운.

運	運	運	運			
옮길 운	옮길 운	옮길 운	옮길 운			

부수	辶
획수	총13획

丿 冖 冖 冒 冒 冒 宣 亘 軍 軍 軍 運 運

교과서 한자어휘 運動(운동) : 몸의 단련과 건강을 위해 몸을 움직이는 일. 幸運(행운) : 행복한 운수.
運行(운행) : 길을 따라 차량 등을 운전하여 다님.

音 소리 음	音	音	音		
	소리 음	소리 음	소리 음		

부수	音
획수	총9획

`丶  亠  立  立  产  音  音  音`

發音(발음) : 음성을 냄. 和音(화음) : 높이가 다른 둘 이상의 음이 함께 어울리는 소리.
表音文字(표음문자) : 말소리를 그대로 기호로 나타낸 문자.

飮 마실 음	飮	飮	飮		
	마실 음	마실 음	마실 음		

부수	食
획수	총13획

`丿  𠆢  𠆢  𠆢  𠆢  𠆢  𠆢  食  食  食  飮  飮  飮`

飮食(음식) : 사람이 먹을 수 있도록 만든 밥이나 국 등을 말함.
米飮(미음) : 쌀에 물을 충분히 붓고 끓여 체에 걸러 낸 걸쭉한 음식.

다음 빈칸에 알맞은 한자와 음을 쓰세요.

發☐(발음)   ☐敢(용감)   利用(☐☐)

☐動(운동)   ☐食(음식)   幸運(☐☐)

有☐(유용)   和☐(화음)   勇氣(☐☐)

意
뜻 의

意	意	意			
뜻 의	뜻 의	뜻 의			

부수	心
획수	총13획

`丶 亠 立 产 音 音 音 音 意 意 意`

교과서 한자어휘
意圖(의도) : 무엇을 하고자 하는 생각이나 계획. 同意(동의) : 같은 의미. 의견을 같이함.
意外(의외) : 뜻밖. 전혀 생각이나 예상하지 못함.

作
지을 작

作	作	作			
지을 작	지을 작	지을 작			

부수	亻
획수	총7획

`丿 亻 亻 亻 作 作 作`

교과서 한자어휘
作業(작업) : 일을 함. 또는 그 일. 作成(작성) : 서류, 원고 등을 만듦.
始作(시작) : 어떤 일이나 행동을 처음으로 함.

昨
어제 작

昨	昨	昨			
어제 작	어제 작	어제 작			

부수	日
획수	총9획

`丨 冂 月 日 日 旷 昨 昨 昨`

교과서 한자어휘
昨年(작년) : 지난해. 昨今(작금) : 어제와 오늘.
昨日(작일) : 어제.

才	才	才	才			
재주 재	재주 재	재주 재	재주 재			
부수	才					
획수	총3획					

一 十 才

교과서
한자어휘 才致(재치) : 눈치 빠른 재주. 또는 능란한 솜씨나 말씨. 才能(재능) : 재주와 능력.
天才(천재) : 선천적으로 뛰어난 재주. 또는 그런 재능을 가진 사람.

戰	戰	戰	戰			
싸움 전	싸움 전	싸움 전	싸움 전			
부수	戈					
획수	총16획					

丨 冂 冂 円 円 円 円 尸 門 胃 曾 閏 單 單 戰 戰 戰

교과서
한자어휘 作戰(작전) : 어떤 일을 이루기 위해 필요한 조치나 방법을 모색함.
內戰(내전) : 한 나라 안에서 일어나는 싸움.

다음 빈칸에 알맞은 한자와 음을 쓰세요.

☐致(재치)　　始☐(시작)　　才能(☐☐)

作☐(작전)　　☐年(작년)　　意外(☐☐)

同☐(동의)　　內☐(내전)　　作成(☐☐)

庭
뜰 정

부수	广
획수	총10획

庭 庭 庭
뜰 정 / 뜰 정 / 뜰 정

丶 亠 广 广 庐 庐 庄 庭 庭 庭

교과서 한자어휘

家庭(가정) : 한 가족이 생활하는 집. 庭園(정원) : 집 안에 있는 뜰.
校庭(교정) : 학교의 마당이나 운동장.

第
차례 제

부수	竹
획수	총11획

第 第 第
차례 제 / 차례 제 / 차례 제

丿 亇 亇 竺 竺 竺 竺 笋 笋 第 第

교과서 한자어휘

及第(급제) : 시험이나 검사 등에서 합격함. 옛 과거 시험에 합격하던 일.
第一(제일) : 여럿 가운데서 첫째가는 것.

題
제목 제

부수	頁
획수	총18획

題 題 題
제목 제 / 제목 제 / 제목 제

丨 冂 月 日 旦 早 旱 是 是 是 是 題 題 題 題 題 題

교과서 한자어휘

題目(제목) : 작품이나 문서 등에서 그것을 대표하거나 내용을 나타내기 위해 붙이는 이름.
問題(문제) : 답을 요구하는 물음.

注 부을 주	注 부을 주	注 부을 주	注 부을 주				

부수	氵
획수	총8획

` ` 氵 氵 氵 氵 氵 注 注

注目(주목) : 관심을 가지고 주의 깊게 살핌. 注意(주의) : 마음에 새겨 두고 조심함.
注油(주유) : 자동차 등에 기름을 넣음.

集 모을 집	集 모을 집	集 모을 집	集 모을 집				

부수	隹
획수	총12획

丿 亻 亻 亻 亻 亻 隹 隹 隹 隹 集 集

集中(집중) : 한 가지 일에 힘을 쏟아부음. 集合(집합) : 한곳으로 모임.
集大成(집대성) : 여러 가지를 모아 하나의 체계를 이루어 완성함.

다음 빈칸에 알맞은 한자와 음을 쓰세요.

問 ☐ (문제)　　及 ☐ (급제)　　第一(☐☐)

☐ 園 (정원)　　☐ 目 (제목)　　家庭(☐☐)

☐ 中 (집중)　　☐ 油 (주유)　　注意(☐☐)

월   일

窓
창 창

窓	窓	窓			
창 창	창 창	창 창			

부수	穴
획수	총11획

丶 丷 宀 宀 空 空 空 空 窓 窓 窓

교과서
한자어휘 窓門(창문) : 공기나 햇빛이 들어올 수 있도록 벽이나 지붕에 낸 문.
車窓(차창) : 차의 창문. 窓口(창구) : 창을 뚫어 놓은 곳.

清
맑을 청

清	清	清			
맑을 청	맑을 청	맑을 청			

부수	氵
획수	총11획

丶 丶 氵 汁 汁 汻 清 清 清 清 清

교과서
한자어휘 清風(청풍) : 부드럽고 맑은 바람. 清正(청정) : 맑고 바름.
清明(청명) : 날씨가 맑고 밝음. 24절기 중 하나.

體
몸 체

體	體	體			
몸 체	몸 체	몸 체			

부수	骨
획수	총23획

丨 冂 冂 冎 冎 骨 骨 骨 骨 骨 骭 骭 骭 體 體 體 體 體 體 體 體 體 體

교과서
한자어휘 物體(물체) : 물건의 형체. 人體(인체) : 사람의 몸.
體溫(체온) : 동물체가 가지고 있는 온도.

表 걸 표	表 걸 표	表 걸 표	表 걸 표		
부수 衣					
획수 총8획					

一 二 十 圭 丰 表 表 表

表面(표면) : 겉으로 나타나거나 눈에 띄는 부분. 사물의 가장 바깥쪽.
表現(표현) : 사상이나 감정 등을 드러내어 나타냄.

風 바람 풍	風 바람 풍	風 바람 풍	風 바람 풍		
부수 風					
획수 총9획					

丿 几 凡 凡 凤 凨 風 風 風

風力(풍력) : 바람의 세기. 風景(풍경) : 산이나 들, 강, 바다 등의 경치.
風物(풍물) : 농악에 쓰는 꽹과리, 소고, 북, 장구, 징 등의 악기를 일컬음.

다음 빈칸에 알맞은 한자와 음을 쓰세요.

☐溫(체온) ☐力(풍력) 淸明(☐☐)

☐門(창문) ☐面(표면) 窓口(☐☐)

☐正(청정) 人☐(인체) 風景(☐☐)

幸 다행 행	幸 다행 행	幸 다행 행	幸 다행 행			
부수	干					
획수	총8획					

一 十 土 丰 寺 寺 幸 幸

교과서 한자어휘
不幸(불행) : 행복하지 아니함. 幸運(행운) : 행복한 운수.
千萬多幸(천만다행) : 아주 다행함.

現 나타날 현	現 나타날 현	現 나타날 현	現 나타날 현			
부수	王					
획수	총11획					

一 二 千 王 尹 玗 玗 珇 珇 玥 現

교과서 한자어휘
現代(현대) : 역사학의 시대 구분 중 지금의 시대. 現在(현재) : 지금 이때.
出現(출현) : 나타나거나 또는 나타나서 보임.

形 모양 형	形 모양 형	形 모양 형	形 모양 형			
부수	彡					
획수	총7획					

一 二 于 开 形 形 形

교과서 한자어휘
形態(형태) : 사물의 생김새나 모양. 形成(형성) : 어떤 모양을 이룸.
形便(형편) : 일이 되어 가는 상태나 경과.

和 화할 화	和 화할 화	和 화할 화	和 화할 화		
부수 口					
획수 총8획					

一 二 千 千 禾 和 和 和

교과서 한자어휘 和合(화합) : 화목하게 어울림. 平和(평화) : 전쟁, 분쟁, 갈등이 없이 평온함.
和解(화해) : 싸우던 것을 멈추고 안 좋은 감정을 풀어 없앰.

會 모일 회	會 모일 회	會 모일 회	會 모일 회		
부수 日					
획수 총13획					

ノ 人 人 今 合 슯 슮 命 슶 會 會 會 會

교과서 한자어휘 會食(회식) : 여러 사람이 모여 함께 음식을 먹음. 會議(회의) : 여럿이 모여 의논함.
教會(교회) : 예수그리스도를 따르는 신자들의 공동체. 또는 그 장소.

다음 빈칸에 알맞은 한자와 음을 쓰세요.

☐合(화합)   ☐代(현대)   形成(☐☐)

☐運(행운)   ☐態(형태)   不幸(☐☐)

☐議(회의)   ☐解(화해)   現在(☐☐)

6급Ⅱ 연습 문제

1 다음 밑줄 친 漢字語의 讀音을 쓰세요.

> 漢字 → 한자

1) 매일 아침마다 <u>運動</u>을 합니다.

2) 달이 <u>地球</u> 주위를 돕니다.

3) 물건 값을 <u>計算</u>했습니다.

4) 휴대하기 <u>便利</u>하게 만들었습니다.

5) 하루를 되돌아보며 <u>反省</u>합니다.

2 다음 漢字의 訓과 音을 쓰세요.

> 字 → 글자 자

1) 會   2) 淸   3) 庭

4) 書   5) 圖   6) 形

정답

2. 1) 모일 회 2) 맑을 청 3) 뜰 정 4) 글 서 5) 그림 도 6) 모양 형

1. 1) 운동 2) 지구 3) 계산 4) 편리 5) 반성

❸ 다음 밑줄 친 漢字語를 漢字로 쓰세요.

> 한자 → 漢字

1) 좋은 책이 좋은 독자를 만듭니다.

2) 깨끗한 동심의 세계로 들어갔습니다.

3) 새로운 기계를 발명했습니다.

4) 신입 단원을 공개 모집하였습니다.

5) 끝까지 방심해서는 안 됩니다.

❹ 다음 ( ) 안의 글자에 해당하는 漢字를 〈보기〉에서 찾아 번호를 쓰세요.

> ①歌 ②樂 ③表 ④窓 ⑤發

1) 아름다운 음(   )이 흘러나왔습니다.

2) 오늘 당선작이 (   )표되었습니다.

3) (   )문 틈으로 빛이 새어나왔습니다.

정 답 --

4. 1) ② 2) ⑤ 3) ④

3. 1) 讀者 2) 童心 3) 發明 4) 公開 5) 放心

6급

한자 따라쓰기

感 느낄 감

強 강할 강

開 열 개

郡 고을 군

根 뿌리 근

近 가까울 근

例 법식 례(예)

禮 예도 례(예)

路 길 로(노)

朴 성씨 박/순박할 박

番 차례 번

別 다를 별/나눌 별

石 돌 석

席 자리 석

速 빠를 속

失 잃을 실

愛 사랑 애

夜 밤 야

英 꽃부리 영

溫 따뜻할 온

園 동산 원

醫 의원 의

者 놈 자

章 글 장

親 친할 친

太 클 태

通 통할 통

畫 그림 화/그을 획

黃 누를 황

訓 가르칠 훈

京	古	苦	交	區
서울 경	옛 고	쓸 고/괴로울 고	사귈 교	구분할 구/지경 구
級	多	待	度	頭
등급 급	많을 다	기다릴 대	법도 도/헤아릴 탁	머리 두
綠	李	目	米	美
푸를 록(녹)	오얏 리(이)/성씨 리(이)	눈 목	쌀 미	아름다울 미
病	服	本	使	死
병 병	옷 복	근본 본	하여금 사/부릴 사	죽을 사
孫	樹	習	勝	式
손자 손	나무 수	익힐 습	이길 승	법 식
野	洋	陽	言	永
들 야	큰바다 양	볕 양	말씀 언	길 영
遠	油	由	銀	衣
멀 원	기름 유	말미암을 유	은 은	옷 의
在	定	朝	族	晝
있을 재	정할 정	아침 조	겨레 족	낮 주
特	合	行	向	號
특별할 특	합할 합	다닐 행/항렬 항	향할 향	이름 호

*6급의 출제 범위는 총 300자이며, 6급 한자 75자와 하위 급수 한자 225자를 포함합니다.

월   일

感	感	感	感				
느낄 감	느낄 감	느낄 감	느낄 감				

부수	心
획수	총13획

丿 厂 厂 厂 匞 匞 咸 咸 咸 咸 感 感 感

교과서 한자어휘
感動(감동) : 크게 느끼어 마음이 움직임. 感謝(감사) : 고맙게 여김.
自信感(자신감) : 자신이 있다는 느낌.

強	強	強	強				
강할 강	강할 강	강할 강	강할 강				

부수	弓
획수	총11획

フ ㄱ 弓 弘 弘 弘 弘 弘 強 強 強

교과서 한자어휘
強弱(강약) : 강함과 약함. 強力(강력) : 힘이나 영향이 강함.
強國(강국) : 군사력과 경제력이 뛰어난 강한 나라.

開	開	開	開				
열 개	열 개	열 개	열 개				

부수	門
획수	총12획

丨 厂 厂 門 門 門 門 門 門 門 開 開

교과서 한자어휘
開發(개발) : 개척하여 발전시킴. 開始(개시) : 행동이나 일 등을 시작함.
開放(개방) : 어떠한 공간 등을 자유롭게 드나들고 이용하게 열어 놓음.

京	京	京	京				
서울 경	서울 경	서울 경	서울 경				

부수	亠
획수	총8획

丶 一 亠 亠 亡 亨 京 京

교과서 한자어휘 京畿道(경기도) : 우리나라 중서부에 있는 도. 서울과 이웃해 있음.
上京(상경) : 지방에서 서울로 감.

古	古	古	古				
옛 고	옛 고	옛 고	옛 고				

부수	口
획수	총5획

一 十 十 古 古

교과서 한자어휘 古代(고대) : 옛 시대. 역사 시대 구분의 하나로, 원시 시대와 중세 사이의 시대.
古物(고물) : 오래된 물건. 東西古今(동서고금) : 동양과 서양의 옛날이나 지금.

다음 빈칸에 알맞은 한자와 음을 쓰세요.

☐ 國 (강국)   上 ☐ (상경)   強力 (☐ ☐)

☐ 謝 (감사)   ☐ 始 (개시)   感動 (☐ ☐)

☐ 放 (개방)   ☐ 代 (고대)   開發 (☐ ☐)

월   일

苦
쓸 고/괴로울 고

苦	苦	苦				
쓸 고	쓸 고	쓸 고				

부수	⺿
획수	총9획

一　十　十　卄　卝　艿　芊　苦　苦

교과서 한자어휘
苦生(고생) : 어렵고 고된 일을 겪거나 또는 그런 일.
生活苦(생활고) : 경제적 곤란으로 겪는 생활의 괴로움.

交
사귈 교

交	交	交				
사귈 교	사귈 교	사귈 교				

부수	亠
획수	총6획

丶　亠　六　六　夯　交

교과서 한자어휘
交通(교통) : 자동차, 기차 등 교통수단을 이용해 사람이 오가거나 짐을 실어 나르는 일.
交信(교신) : 우편, 전신, 전화 등으로 정보나 의견을 주고받음.

區
구분할 구/지경 구

區	區	區				
구분할 구	구분할 구	구분할 구				

부수	⼃
획수	총11획

一　厂　冖　旵　旵　炅　炅　品　品　品　區

교과서 한자어휘
區分(구분) : 일정한 기준에 따라 전체를 몇 개로 갈라 나눔.
區別(구별) : 성질이나 종류에 따라 나타나는 차이를 갈라놓음.

郡 고을 군	郡 고을 군	郡 고을 군	郡 고을 군		

부수	阝
획수	총10획

ㄱ ㄱ ㄱ 尹 尹 君 君 君' 郡 郡

郡民(군민) : 그 군에 사는 사람. 郡內(군내) : 군의 안. 또는 고을의 안.
郡廳(군청) : 군(郡)의 행정 사무를 맡아보는 기관.

根 뿌리 근	根 뿌리 근	根 뿌리 근	根 뿌리 근		

부수	木
획수	총10획

一 十 十 才 木 札 杞 杞 根 根

根據(근거) : 어떤 일이나 의견에 근본이 됨.
根本(근본) : 사물의 본질이나 본바탕.

다음 빈칸에 알맞은 한자와 음을 쓰세요.

☐生(고생) ☐通(교통) 交信(☐☐)

☐民(군민) ☐據(근거) 區別(☐☐)

☐分(구분) ☐廳(군청) 根本(☐☐)

월   일

近	近	近	近			
가까울 근	가까울 근	가까울 근	가까울 근			
부수	辶					
획수	총8획					

一 厂 斤 斤 斤 沂 沂 近

교과서 한자어휘
遠近法(원근법) : 멀고 가까움을 느낄 수 있도록 평면 위에 표현하는 방법.
近方(근방) : 근처. 가까운 곳.

級	級	級	級			
등급 급	등급 급	등급 급	등급 급			
부수	糸					
획수	총10획					

㐅 㐅 㐅 幺 糸 糸 糸 紀 紉 級 級

교과서 한자어휘
等級(등급) : 여러 층으로 구분한 단계를 세는 단위. 級訓(급훈) : 학급에서 정한 교훈.
學級(학급) : 한 교실에서 공부하는 학생의 단위 집단.

多	多	多	多			
많을 다	많을 다	많을 다	많을 다			
부수	夕					
획수	총6획					

ノ ク タ 夕 多 多

교과서 한자어휘
多讀(다독) : 많이 읽음. 多幸(다행) : 뜻밖에 일이 잘되어 운이 좋음.
多年生(다년생) : 여러해살이. 2년 이상 생존하는 식물.

待	待	待	待			
기다릴 대	기다릴 대	기다릴 대	기다릴 대			
부수	彳					
획수	총9획					

丿 丿 彳 彳 彳 彳 彳 待 待

교과서 한자어휘 待合室(대합실) : 공공시설에 손님이 기다리며 머물 수 있도록 마련한 곳.
招待(초대) : 어떤 모임에 참가해 줄 것을 청함.

度	度	度	度			
법도 도/헤아릴 탁	법도 도	법도 도	법도 도			
부수	广					
획수	총9획					

丶 亠 广 户 庐 庐 度 度 度

교과서 한자어휘 態度(태도) : 어떤 일이나 상황에 대하는 마음가짐이나 자세. 用度(용도) : 씀씀이.
制度(제도) : 관습이나 도덕, 법률 등의 규범.

다음 빈칸에 알맞은 한자와 음을 쓰세요.

用 ☐ (용도)   招 ☐ (초대)   學級 (☐☐)

☐ 讀 (다독)   ☐ 訓 (급훈)   多幸 (☐☐)

☐ 方 (근방)   態 ☐ (태도)   制度 (☐☐)

頭
머리 두

頭	頭	頭				
머리 두	머리 두	머리 두				

부수	頁
획수	총16획

一 丆 丆 币 币 百 豆 豆 豆 豇 頭 頭 頭 頭 頭 頭

> **교과서 한자어휘**
> 頭角(두각) : 뛰어난 학식이나 재능을 비유적으로 이르는 말.
> 頭目(두목) : 패거리의 우두머리.

例
법식 례(예)

例	例	例				
법식 례	법식 례	법식 례				

부수	亻
획수	총8획

丿 亻 亻 仃 仍 仍 例 例

> **교과서 한자어휘**
> 事例(사례) : 어떤 일이 실제로 일어난 예.   先例(선례) : 이전에 있었던 사례.
> 例文(예문) : 설명을 위한 본보기나 예로 드는 문장.

禮
예도 례(예)

禮	禮	禮				
예도 례	예도 례	예도 례				

부수	示
획수	총18획

一 亍 亍 亍 礻 礻 礻 礻 礻 礻 禮 禮 禮 禮 禮 禮 禮 禮

> **교과서 한자어휘**
> 禮法(예법) : 예의로 지켜야 할 규범.   婚禮(혼례) : 결혼식.
> 無禮(무례) : 태도나 말에 예의가 없음.

路	路	路	路					
길 로(노)	길 로	길 로	길 로					

부수	足
획수	총13획

丨 冂 冂 卩 尸 尸 尸 距 距 距 跗 路 路

교과서
한자어휘 路線(노선) : 자동차 선로, 철도 선로 등처럼 일정한 두 지점을 정기적으로 오가는 교통선.
通路(통로) : 통하여 다니는 길. 道路(도로) : 사람, 차 등이 다닐 수 있도록 만든 길.

綠	綠	綠	綠					
푸를 록(녹)	푸를 록	푸를 록	푸를 록					

부수	糸
획수	총14획

ㄑ ㄠ 幺 幺 糸 糸 紗 約 絆 絆 絆 綠 綠 綠

교과서
한자어휘 新綠(신록) : 늦봄이나 초여름에 나온 잎의 푸른빛. 綠地(녹지) : 풀이나 나무가 우거진 곳.
草綠色(초록색) : 풀의 빛깔 같은 파랑과 노랑의 중간색.

다음 빈칸에 알맞은 한자와 음을 쓰세요.

道 ☐ (도로)   ☐ 線 (노선)   例文 (☐ ☐)

☐ 角 (두각)   無 ☐ (무례)   頭目 (☐ ☐)

事 ☐ (사례)   新 ☐ (신록)   婚禮 (☐ ☐)

李

오얏 리(이) / 성씨 리(이)

李	李	李			
오얏 리	오얏 리	오얏 리			

부수	木
획수	총7획

一 十 才 木 本 李 李

교과서
한자어휘

李舜臣(이순신) : 임진왜란 때 왜군을 무찌른 조선 시대의 명장.
李太白(이태백) : 중국 당나라의 시인. 李花(이화) : 자두나무의 꽃.

目

눈 목

目	目	目			
눈 목	눈 목	눈 목			

부수	目
획수	총5획

丨 冂 冂 目 目

교과서
한자어휘

目標(목표) : 목적을 이루기 위해 대상으로 삼는 것.
科目(과목) : 공부할 지식 분야를 갈라놓은 것.

米

쌀 미

米	米	米			
쌀 미	쌀 미	쌀 미			

부수	米
획수	총6획

丶 丷 亠 半 米 米

교과서
한자어휘

白米(백미) : 흰쌀. 供養米(공양미) : 불교에서 공양에 쓰는 쌀.
精米所(정미소) : 쌀 찧는 일을 하는 곳.

美	美	美	美			
아름다울 미	아름다울 미	아름다울 미	아름다울 미			

부수	羊
획수	총9획

丶 丷 丷 半 羊 羊 差 美 美

교과서 한자어휘
美術(미술) : 공간 및 시각의 미를 표현하는 예술. 그림, 조각, 건축, 공예, 서예 등.
美容師(미용사) : 사람의 머리나 피부 등을 아름답게 매만지는 일을 하는 사람.

朴	朴	朴	朴			
성씨 박/순박할 박	성씨 박	성씨 박	성씨 박			

부수	木
획수	총6획

一 十 才 木 朴 朴

교과서 한자어휘
朴趾源(박지원) : 《열하일기》를 저술한 조선 시대의 문장가.
素朴(소박) : 꾸밈이나 거짓이 없고 수수함.

다음 빈칸에 알맞은 한자와 음을 쓰세요.

☐ 舜臣(이순신) 素 ☐ (소박) 精米所(☐ ☐ ☐)

供養 ☐ (공양미) ☐ 標(목표) 白米(☐ ☐)

☐ 容師(미용사) ☐ 術(미술) 科目(☐ ☐)

월   일

番	番	番	番			
차례 번	차례 번	차례 번	차례 번			
부수	田					
획수	총12획					

一 ㄱ 冂 丑 平 平 来 来 乑 番 番 番

교과서 한자어휘
番號(번호) : 차례를 나타내거나 식별하기 위해 붙이는 숫자.
每番(매번) : 각각의 차례. 번번이.

別	別	別	別			
다를 별/나눌 별	다를 별	다를 별	다를 별			
부수	刂					
획수	총7획					

丨 冂 口 马 另 別 別

교과서 한자어휘
區別(구별) : 성질이나 종류에 따라 나타나는 차이를 갈라놓음.
男女有別(남녀유별) : 남자와 여자 사이에 분별이 있어야 함을 이르는 말.

病	病	病	病			
병 병	병 병	병 병	병 병			
부수	疒					
획수	총10획					

丶 亠 广 广 疒 疒 疒 病 病 病

교과서 한자어휘
問病(문병) : 앓는 사람을 찾아가 위로함.   重病(중병) : 목숨이 위태로운 병.
病室(병실) : 병을 치료하기 위해 환자가 머무는 방.

服	服	服	服			
	옷 복	옷 복	옷 복			

옷 복

부수	月
획수	총8획

丿 刀 月 月 𦙶 𦙶 服 服

교과서 한자어휘 禮服(예복) : 의식을 치르거나 특별히 예절을 차릴 때에 입는 옷.
冬服(동복) : 겨울철에 입는 옷.

本	本	本	本			
	근본 본	근본 본	근본 본			

근본 본

부수	木
획수	총5획

一 十 才 木 本

교과서 한자어휘 根本(근본) : 사물의 본질이나 본바탕. 本校(본교) : 분교의 근간이 되는 학교.
分校(분교) : 본교와 떨어져 있는 다른 지역에 따로 세운 학교.

다음 빈칸에 알맞은 한자와 음을 쓰세요.

問 □ (문병)   根 □ (근본)   每番 (□ □)

禮 □ (예복)   □ 號 (번호)   病室 (□ □)

區 □ (구별)   冬 □ (동복)   本校 (□ □)

월   일

使	使	使	使			
하여금 사/부릴 사	하여금 사	하여금 사	하여금 사			
부수	亻					
획수	총8획					

丿 亻 仁 仁 仨 使 使 使

교과서 한자어휘
使臣(사신) : 임금이나 국가의 명령을 받고 외국에 사절로 가는 신하.
使用(사용) : 목적이나 기능에 맞게 씀.

死	死	死	死			
죽을 사	죽을 사	죽을 사	죽을 사			
부수	歹					
획수	총6획					

一 丆 歹 歹 死 死

교과서 한자어휘
死亡(사망) : 사람이 죽음.   死藥(사약) : 먹으면 죽는 독약.
死力(사력) : 목숨을 아끼지 않고 쓰는 힘.

石	石	石	石			
돌 석	돌 석	돌 석	돌 석			
부수	石					
획수	총5획					

一 丆 丆 石 石

교과서 한자어휘
寶石(보석) : 흔히 몸을 치장할 때 쓰는 단단하고 빛깔과 광택이 아름다운 희귀한 광물.
石工(석공) : 돌을 다루어 물건을 만드는 사람.   石門(석문) : 돌로 만든 문.

席	席	席	席		
자리 석	자리 석	자리 석	자리 석		
부수	巾				
획수	총10획				

丶 亠 广 户 产 庐 庐 庐 庐 席

교과서 한자어휘 空席(공석) : 빈 좌석.　上席(상석) : 윗사람이 앉는 자리.
出席(출석) : 어떤 자리에 참석함.

速	速	速	速		
빠를 속	빠를 속	빠를 속	빠를 속		
부수	辶				
획수	총11획				

一 丆 丏 束 束 束 束 涑 涑 速 速

교과서 한자어휘 速力(속력) : 속도의 크기.　速度(속도) : 물체가 나아가거나 일이 진행되는 빠른 정도.
高速道路(고속도로) : 차의 빠른 통행을 위해 만든 자동차 전용 도로.

다음 빈칸에 알맞은 한자와 음을 쓰세요.

寶 □ (보석)　│　上 □ (상석)　│　使用 (□ □)

□ 力 (속력)　│　□ 度 (속도)　│　石工 (□ □)

□ 臣 (사신)　│　□ 亡 (사망)　│　出席 (□ □)

孫

손자 손

부수	子
획수	총10획

孫	孫	孫		
손자 손	손자 손	손자 손		

`ㄱ 了 子 孑 孖 孕 孕 挦 挦 孫`

교과서 한자어휘
孫子(손자) : 아들의 아들. 또는 딸의 아들.   子子孫孫(자자손손) : 자손의 여러 대.
後孫(후손) : 자신보다 여러 세대가 지난 뒤의 자녀를 통틀어 이르는 말.

樹

나무 수

부수	木
획수	총16획

樹	樹	樹		
나무 수	나무 수	나무 수		

`一 十 十 木 木 杧 柞 桔 桔 桔 桔 桔 桔 桔 樹 樹`

교과서 한자어휘
樹木(수목) : 살아 있는 나무.   植樹(식수) : 나무를 심음.
果樹園(과수원) : 과실나무를 심은 밭.

習

익힐 습

부수	羽
획수	총11획

習	習	習		
익힐 습	익힐 습	익힐 습		

`ㄱ ㄱ 习 羽 羽 羽 翌 翌 習 習 習`

교과서 한자어휘
學習(학습) : 배워서 익힘.   自習(자습) : 혼자 힘으로 배워서 익힘.
風習(풍습) : 풍속과 습관을 아울러 이르는 말.

勝	勝	勝	勝				
이길 승	이길 승	이길 승	이길 승				

부수	力
획수	총12획

丿 丿 丿 月 月 月 月´ 月´ 月´ 朕 朕 勝 勝

勝利(승리) : 겨루어 이김. 勝者(승자) : 겨루어 이긴 사람.
名勝地(명승지) : 경치가 좋기로 이름난 곳.

式	式	式	式				
법 식	법 식	법 식	법 식				

부수	弋
획수	총6획

一 一 T 工 式 式

方式(방식) : 일정한 방법이나 형식. 形式(형식) : 겉으로 드러나는 격식.
結婚式(결혼식) : 부부 관계를 맺는 서약을 하는 의식.

다음 빈칸에 알맞은 한자와 음을 쓰세요.

☐者(승자)　　植☐(식수)　　樹木(☐☐)

學☐(학습)　　方☐(방식)　　後孫(☐☐)

☐子(손자)　　自☐(자습)　　勝利(☐☐)

失 잃을 실

失	失	失
잃을 실	잃을 실	잃을 실

부수	大
획수	총5획

丿 丿 匸 生 失

教科書 한자어휘 失手(실수) : 조심하지 않아 잘못함. 失神(실신) : 병이나 충격 등으로 정신을 잃음.
失禮(실례) : 말이나 행동이 예의에 벗어남.

愛 사랑 애

愛	愛	愛
사랑 애	사랑 애	사랑 애

부수	心
획수	총13획

一 一 一 一 一 一 一 恶 恶 恶 愛 愛 愛

教科書 한자어휘 愛國歌(애국가) : 나라를 사랑하는 뜻으로 온 국민이 부르는 우리나라의 노래.
愛用(애용) : 좋아하여 애착을 가지고 즐겨 씀. 友愛(우애) : 형제나 친구 간의 정.

夜 밤 야

夜	夜	夜
밤 야	밤 야	밤 야

부수	夕
획수	총8획

亠 亠 广 厷 夜 夜 夜 夜

教科書 한자어휘 夜行性(야행성) : 낮에 쉬고 밤에 활동하는 동물의 습성.
晝夜(주야) : 밤낮. 夜學(야학) : 밤에 공부함.

野 들 야	野	野	野			
	들 야	들 야	들 야			

부수	里
획수	총11획

丨 冂 冂 日 旦 甲 里 野 野 野 野

교과서 한자어휘 野生(야생) : 산이나 들에서 저절로 나서 자람. 또는 그런 생물.
野外(야외) : 시가지에서 떨어져 있는 들판.

洋 큰바다 양	洋	洋	洋			
	큰바다 양	큰바다 양	큰바다 양			

부수	氵
획수	총9획

丶 丶 氵 氵 氵 洋 洋 洋 洋

교과서 한자어휘 海洋(해양) : 넓고 큰 바다. 東洋人(동양인) : 동양 사람. 한국, 중국, 인도, 일본 사람 등.
大洋(대양) : 세계의 해양 중 대규모 바다. 태평양, 인도양, 대서양 등.

다음 빈칸에 알맞은 한자와 음을 쓰세요.

☐ 生(야생)   ☐ 用(애용)   失禮(☐☐)

畫☐(주야)   大☐(대양)   夜學(☐☐)

☐ 手(실수)   ☐ 外(야외)   友愛(☐☐)

陽	陽	陽	陽		
볕 양	볕 양	볕 양	볕 양		

부수	阝
획수	총12획

` ⁊ ⻖ 阝 阝' 阝⼕ 阝⼕ 阝⼕ 陽 陽 陽 陽

교과서 한자어휘

太陽(태양) : 태양계의 중심을 이루는 발광체로 지구에서 가장 가까운 항성.
夕陽(석양) : 저녁때의 저무는 해. 陽地(양지) : 볕이 바로 드는 땅.

言	言	言	言		
말씀 언	말씀 언	말씀 언	말씀 언		

부수	言
획수	총7획

一 二 二 言 言 言 言

교과서 한자어휘

言語(언어) : 생각이나 느낌을 소리나 글자로 나타내는 수단.
名言(명언) : 사리에 맞는 훌륭한 말. 널리 알려진 말.

永	永	永	永		
길 영	길 영	길 영	길 영		

부수	水
획수	총5획

丶 ⼅ ⺅ 永 永

교과서 한자어휘

永遠(영원) : 앞으로 오래도록 변함없이 계속됨.
永久齒(영구치) : 젖니가 빠진 뒤에 나는 이.

英	英	英	英			
꽃부리 영	꽃부리 영	꽃부리 영	꽃부리 영			

부수	艹
획수	총9획

一 十 卄 艹 芇 苩 苎 英 英

英語(영어) : 미국, 영국, 캐나다 등을 비롯하여 세계 여러 나라에서 사용하는 국제어.
英國(영국) : 유럽 서부 대서양 가운데 있는 나라. 英特(영특) : 남달리 뛰어나고 훌륭함.

溫	溫	溫	溫			
따뜻할 온	따뜻할 온	따뜻할 온	따뜻할 온			

부수	氵
획수	총13획

丶 冫 氵 汩 汩 沪 沪 沪 泗 沪 沪 溫 溫

溫水(온수) : 따뜻한 물. 氣溫(기온) : 대기의 온도.
溫和(온화) : 성격, 태도 등이 온순하고 부드러움.

다음 빈칸에 알맞은 한자와 음을 쓰세요.

□水 (온수)   □遠 (영원)   陽地 (□□)

□語 (언어)   氣□ (기온)   英國 (□□)

太□ (태양)   □語 (영어)   名言 (□□)

園	園	園	園		
동산 원	동산 원	동산 원	동산 원		
부수	囗				
획수	총13획				

丨 冂 冂 冃 門 門 周 周 園 園 園 園 園

교과서 한자어휘

大公園(대공원) : 규모가 큰 공원.　庭園(정원) : 집 안에 있는 뜰.
農園(농원) : 주로 원예 작물을 심어 기르는 농장.

遠	遠	遠	遠		
멀 원	멀 원	멀 원	멀 원		
부수	辶				
획수	총14획				

一 十 土 吉 吉 吉 吉 克 声 袁 袁 遠 遠 遠

교과서 한자어휘

遠近(원근) : 멀고 가까움.　遠大(원대) : 계획, 희망 등의 장래성과 규모가 큼.
望遠鏡(망원경) : 렌즈를 이용해 먼 곳에 있는 물체를 정확히 보기 위한 기구.

油	油	油	油		
기름 유	기름 유	기름 유	기름 유		
부수	氵				
획수	총8획				

丶 丶 氵 氵 汨 汨 油 油

교과서 한자어휘

油畫(유화) : 서양화에서 물감을 기름에 개어 그리는 그림.
注油所(주유소) : 자동차에 기름을 넣는 곳.

由	由	由	由					
말미암을 유	말미암을 유	말미암을 유	말미암을 유					
부수	田							
획수	총5획							

丨 冂 冃 由 由

교과서 한자어휘
自由(자유) : 무엇에 얽매이지 아니하고 자기 마음대로 할 수 있는 상태.
由來(유래) : 사물이나 일이 생겨남. 理由(이유) : 어떤 결론이나 결과의 까닭.

銀	銀	銀	銀					
은 은	은 은	은 은	은 은					
부수	金							
획수	총14획							

丿 亻 ㅅ ㅅ 乍 乍 乍 金 釒 釒 釒 釗 釗 銀

교과서 한자어휘
銀行(은행) : 저축자로부터 예금을 맡아 관리하는 금융기관.
銀箔紙(은박지) : 알루미늄을 종이처럼 얇게 늘여 편 것.

✎ 다음 빈칸에 알맞은 한자와 음을 쓰세요.

自 ☐ (자유)　☐ 行 (은행)　庭園 (☐☐)

農 ☐ (농원)　☐ 近 (원근)　由來 (☐☐)

☐ 畫 (유화)　理 ☐ (이유)　遠大 (☐☐)

월   일

衣
옷 의

부수	衣
획수	총6획

衣 衣 衣
옷 의　옷 의　옷 의

` 亠 ナ 亣 齐 衣

교과서 한자어휘

衣食住(의식주) : 옷과 음식과 집을 함께 이르는 말.
衣服(의복) : 옷. 上衣(상의) : 윗옷.

醫
의원 의

부수	酉
획수	총18획

醫 醫 醫
의원 의　의원 의　의원 의

一 ナ ア 丆 丆 乒 医 医 医广 医矢 医殳 医殳 殹 殹 毉 醫 醫 醫

교과서 한자어휘

醫師(의사) : 자격을 가지고 병을 고치는 것을 직업으로 하는 사람.
名醫(명의) : 병을 잘 고쳐서 이름이 알려진 의사. 醫術(의술) : 병을 고치는 기술.

者
놈 자

부수	耂
획수	총9획

者 者 者
놈 자　놈 자　놈 자

一 十 土 耂 耂 者 者 者 者

교과서 한자어휘

學者(학자) : 학문을 연구하는 사람. 記者(기자) : 기사를 쓰거나 편집하는 사람.
視聽者(시청자) : 텔레비전의 방송을 시청하는 사람.

| 章 | 章 | 章 | 章 | | | |
| 글 장 | 글 장 | 글 장 | 글 장 | | | |

| 부수 | 立 |
| 획수 | 총11획 |

`丶 亠 立 产 产 产 音 音 音 章 章`

교과서 한자어휘
文章(문장) : 생각과 감정을 말이나 글로 표현할 때 완결된 내용의 최소 단위.
圖章(도장) : 개인이나 단체의 이름을 새긴 물건.

| 在 | 在 | 在 | 在 | | | |
| 있을 재 | 있을 재 | 있을 재 | 있을 재 | | | |

| 부수 | 土 |
| 획수 | 총6획 |

`一 ナ 才 存 存 在`

교과서 한자어휘
不在者(부재자) : 그 자리에 없는 사람. 現在(현재) : 지금 이때.

다음 빈칸에 알맞은 한자와 음을 쓰세요.

圖☐(도장)   現☐(현재)   上衣(☐☐)

☐服(의복)   記☐(기자)   學者(☐☐)

名☐(명의)   文☐(문장)   醫師(☐☐)

定

정할 정

定	定	定		
정할 정	정할 정	정할 정		

부수	宀
획수	총8획

丶 丶 宀 宀 宁 宁 定 定

> **교과서 한자어휘**
> 定形(정형) : 일정한 형태. 定時(정시) : 일정한 시각.
> 決定(결정) : 행동이나 태도를 분명하게 정함.

朝

아침 조

朝	朝	朝		
아침 조	아침 조	아침 조		

부수	月
획수	총12획

一 十 十 古 古 古 直 卓 朝 朝 朝 朝

> **교과서 한자어휘**
> 朝食(조식) : 아침밥. 朝夕(조석) : 아침과 저녁.
> 朝鮮(조선) : 이성계가 고려를 무너뜨리고 세운 나라.

族

겨레 족

族	族	族		
겨레 족	겨레 족	겨레 족		

부수	方
획수	총11획

丶 亠 亠 方 方 扩 扩 扩 族 族 族

> **교과서 한자어휘**
> 民族(민족) : 인종적, 지역적 기원이 같고, 전통과 역사적 운명을 같이 하는 사람의 집단.
> 家族(가족) : 부부를 중심으로 친족 관계에 있는 사람들.

晝 낮 주	晝	晝	晝			
	낮 주	낮 주	낮 주			

부수	日
획수	총11획

一 コ コ ユ ユ 聿 聿 聿 書 書 晝 晝

교과서 한자어휘 晝間(주간) : 낮 동안. 먼동이 터서 해가 지기 전까지의 동안.
晝夜(주야) : 낮과 밤.

親 친할 친	親	親	親			
	친할 친	친할 친	친할 친			

부수	見
획수	총16획

丶 亠 亠 立 立 辛 辛 亲 亲 亲 新 新 親 親

교과서 한자어휘 親近(친근) : 사귀어 지내는 사이가 아주 가까움. 親舊(친구) : 가깝게 오래 사귄 사람.
親環境(친환경) : 자연환경을 오염시키지 않고 자연 그대로의 환경과 어울리는 일.

다음 빈칸에 알맞은 한자와 음을 쓰세요.

☐ 間(주간)   ☐ 舊(친구)   家族(☐☐)

決 ☐ (결정)   民 ☐ (민족)   朝鮮(☐☐)

☐ 食(조식)   ☐ 夜(주야)   定時(☐☐)

太 클 태	太	太	太		
	클 태	클 태	클 태		
부수 大					
획수 총4획					

一 ナ 大 太

교과서 한자어휘

太陽(태양) : 태양계의 중심을 이루는 발광체로 지구에서 가장 가까운 항성.
太古(태고) : 아주 오랜 옛날. 太極旗(태극기) : 대한민국의 국기.

通 통할 통	通	通	通		
	통할 통	통할 통	통할 통		
부수 辶					
획수 총11획					

マ マ 予 丙 丙 甬 甬 涌 涌 通 通

교과서 한자어휘

通風(통풍) : 바람이 통함. 通讀(통독) : 처음부터 끝까지 훑어 읽음.
通信(통신) : 우편이나 전화 등으로 정보나 의사를 전달함.

特 특별할 특	特	特	特		
	특별할 특	특별할 특	특별할 특		
부수 牛					
획수 총10획					

丿 ケ 牛 牛 牜 牜 特 特 特 特

교과서 한자어휘

特級(특급) : 특별한 계급이나 등급. 特色(특색) : 보통의 것보다 다른 점.
特徵(특징) : 다른 것에 비해 특별히 눈에 띄는 점.

合	合	合	合			
합할 합	합할 합	합할 합	합할 합			

부수	口
획수	총6획

丿 𠆢 人 𠆢 合 合 合

교과서 한자어휘
合計(합계) : 합하여 계산함. 合意(합의) : 서로 의견이 일치함.
合同(합동) : 둘 이상의 조직이나 개인이 모여서 함께함.

行	行	行	行			
다닐 행/항렬 항	다닐 행	다닐 행	다닐 행			

부수	行
획수	총6획

丿 𠂆 彳 彳 行 行

교과서 한자어휘
行動(행동) : 몸을 움직여 동작을 하거나 어떤 일을 함. 行事(행사) : 어떤 일을 거행함.
行列(항렬) : 친족 집단 안에서 세대 관계를 나타내는 서열.

다음 빈칸에 알맞은 한자와 음을 쓰세요.

☐風(통풍) ☐動(행동) 行事(☐☐)

☐陽(태양) ☐意(합의) 合同(☐☐)

☐級(특급) ☐信(통신) 特徵(☐☐)

월   일

向	向	向	向
향할 향	향할 향	향할 향	향할 향
부수	口		
획수	총6획		

丿 丆 门 向 向 向

教科書
한자어휘　向上(향상) : 실력, 수준, 기술 등이 나아짐.　方向(방향) : 향한 쪽.
　　　　　動向(동향) : 일의 형세 등이 움직여 가는 방향.

號	號	號	號
이름 호	이름 호	이름 호	이름 호
부수	虍		
획수	총13획		

丨 口 口 몬 号 号 号 号 号 號 號 號 號

教科書
한자어휘　番號(번호) : 차례를 나타내거나 식별하기 위해 붙이는 숫자.
　　　　　口號(구호) : 어떤 주장을 간결한 형식으로 표현한 문구.

畫	畫	畫	畫
그림 화/그을 획	그림 화	그림 화	그림 화
부수	田		
획수	총13획		

フ コ ⺺ ⺻ ⺻ 聿 晝 書 書 畫 畫 畫 畫

教科書
한자어휘　畫家(화가) : 그림 그리는 것을 직업으로 하는 사람.　書畫(서화) : 글씨와 그림.
　　　　　名畫(명화) : 아주 잘 그린 그림. 또는 유명한 그림.

黃 누를 황	黃	黃	黃			
	누를 황	누를 황	누를 황			
부수 黃						
획수 총12획						

一 十 丗 丗 芇 芇 芇 芇 黃 黃 黃 黃

📖 **교과서 한자어휘**

黃金(황금) : 누런빛의 금이라는 뜻으로, 금을 다른 금속과 구별하여 쓰는 말.

黃土(황토) : 누렇고 거무스름한 흙.

訓 가르칠 훈	訓	訓	訓			
	가르칠 훈	가르칠 훈	가르칠 훈			
부수 言						
획수 총10획						

一 二 言 言 言 言 言 訂 訓 訓

📖 **교과서 한자어휘**

敎訓(교훈) : 행동이나 생활에 지침이 될 만한 가르침.

訓鍊(훈련) : 가르쳐서 익히게 함.

✒️ **다음 빈칸에 알맞은 한자와 음을 쓰세요.**

☐土(황토)   ☐鍊(훈련)   名畫(☐☐)

書☐(서화)   ☐金(황금)   口號(☐☐)

番☐(번호)   動☐(동향)   方向(☐☐)

6급 연습 문제

1 다음 밑줄 친 漢字語의 讀音을 쓰세요.

> 보기
>
> 漢字 → 한자

1) 부모님께 <u>感謝</u>의 마음을 전했습니다.

2) <u>苦生</u>을 낙으로 삼고 견뎌 왔습니다.

3) <u>庭園</u>을 아름답게 가꿨습니다.

4) 담임 선생님께서 <u>出席</u>을 불렀습니다.

5) 전국의 <u>氣溫</u>이 영하로 떨어졌습니다.

2 다음 漢字의 訓과 音을 쓰세요.

> 보기
>
> 字 → 글자 자

1) 醫   2) 訓   3) 族

4) 遠   5) 勝   6) 樹

정답

2. 1) 의원 의 2) 가르칠 훈 3) 겨레 족 4) 멀 원 5) 이길 승 6) 나무 수

1. 1) 감사 2) 고생 3) 정원 4) 출석 5) 기온

③ 다음 밑줄 친 漢字語를 漢字로 쓰세요.

국어 → 國語

1) 할머니는 <u>손자</u>를 귀여워하셨습니다.

2) 형제는 <u>우애</u>가 돈독했습니다.

3) 여름이면 <u>야외</u>에서 캠핑을 즐겼습니다.

4) <u>영어</u>는 세계적으로 통용되는 국제어입니다.

5) 오랜만에 <u>가족</u>사진을 찍었습니다.

④ 다음 ( ) 안의 글자에 해당하는 漢字를 〈보기〉에서 찾아 번호를 쓰세요.

①姓 ②死 ③答 ④事 ⑤問 ⑥成

1) 東問西( ) : 묻는 말과는 전혀 상관없는 엉뚱한 대답.

2) 九( )一生 : 여러 차례 죽을 고비를 넘기고 간신히 살아남.

3) 門前( )市 : 찾아오는 사람이 많아 집 앞이 시장을 이루다시피 함.

정답

4. 1) ③ 2) ② 3) ⑥

3. 1) 孫子 2) 友愛 3) 野外 4) 英語 5) 家族

정답

1일차
一方(일방) / 四角(사각) / 二重(이중)
三代(삼대) / 四寸(사촌) / 一家(일가)
二分(이분) / 三面(삼면) / 五感(오감)

2일차
八十(팔십) / 九萬里(구만리) / 六學年(육학년)
十字(십자) / 七夕(칠석) / 十分(십분)
八等身(팔등신) / 十里(십리) / 七十(칠십)

3일차
火山(화산) / 現金(현금) / 月光(월광)
木工(목공) / 水上(수상) / 日月(일월)
樹木(수목) / 食水(식수) / 木手(목수)

4일차
集中(집중) / 黃土(황토) / 日記(일기)
大地(대지) / 弱小(약소) / 中間(중간)
休日(휴일) / 國土(국토) / 大會(대회)

5일차
全北(전북) / 東洋(동양) / 南韓(남한)
北韓(북한) / 西海(서해) / 內外(내외)
西洋(서양) / 外食(외식) / 東西(동서)

6일차
兄弟(형제) / 父子(부자) / 父母(부모)
弟子(제자) / 少女(소녀) / 分母(분모)
母國(모국) / 女子(여자) / 三兄弟(삼형제)

7일차
民族(민족) / 王室(왕실) / 空軍(공군)
韓服(한복) / 王族(왕족) / 強國(강국)
韓國(한국) / 國樂(국악) / 海軍(해군)

8일차
學校(학교) / 人間(인간) / 室內(실내)
敎室(교실) / 學生(학생) / 人心(인심)
校歌(교가) / 學級(학급) / 圖書室(도서실)

9일차
先後(선후) / 市長(시장) / 萬物(만물)
出生(출생) / 長短(장단) / 今年(금년)
先祖(선조) / 生活(생활) / 萬民(만민)

10일차
山野(산야) / 三寸(삼촌) / 靑春(청춘)
白日場(백일장) / 登山(등산) / 大門(대문)
靑山(청산) / 山林(산림) / 窓門(창문)

11일차
江山(강산) / 人工(인공) / 時間(시간)
家長(가장) / 漢江(한강) / 自動車(자동차)
家庭(가정) / 江南(강남) / 空間(공간)

12일차
日記(일기) / 空中(공중) / 氣色(기색)
長男(장남) / 氣分(기분) / 內面(내면)
空氣(공기) / 男子(남자) / 內科(내과)

13일차
速力(속력) / 感動(감동) / 道理(도리)
對答(대답) / 動物(동물) / 農業(농업)
農夫(농부) / 正答(정답) / 車道(차도)

14일차
有名(유명) / 方向(방향) / 每年(매년)
物體(물체) / 國立(국립) / 名作(명작)
立冬(입동) / 人物(인물) / 名言(명언)

15일차
上空(상공) / 行事(행사) / 不安(불안)
姓名(성명) / 上體(상체) / 世界(세계)
事物(사물) / 不足(부족) / 同姓(동성)

16일차
安定(안정) / 失手(실수) / 市內(시내)
食口(식구) / 便安(편안) / 時間(시간)
時代(시대) / 手足(수족) / 市場(시장)

17일차
自立(자립) / 左右(좌우) / 午後(오후)
父子(부자) / 場面(장면) / 自國(자국)
正午(정오) / 子女(자녀) / 自身(자신)

18일차
正面(정면) / 全校(전교) / 手足(수족)
電力(전력) / 不足(부족) / 前夜(전야)
正門(정문) / 全部(전부) / 事前(사전)

19일차
下校(하교) / 漢陽(한양) / 平和(평화)
左右(좌우) / 直線(직선) / 漢江(한강)
直角(직각) / 平面(평면) / 下水(하수)

20일차
後記(후기) / 海女(해녀) / 再活用(재활용)

21일차
國旗(국기) / 多服(동복) / 入口(입구)
協同(협동) / 歌手(가수) / 立冬(입동)
愛國歌(애국가) / 太極旗(태극기) / 出口(출구)

22일차
洞窟(동굴) / 登校(등교) / 里長(이장)
洞察(통찰) / 近來(근래) / 老年(노년)
登用(등용) / 來年(내년) / 老木(노목)

23일차
問答(문답) / 生命(생명) / 三面(삼면)
學問(학문) / 山林(산림) / 文學(문학)
林野(임야) / 天命(천명) / 方面(방면)

24일차
計算(계산) / 農夫(농부) / 百方(백방)
秋夕(추석) / 百姓(백성) / 五色(오색)
特色(특색) / 工夫(공부) / 朝夕(조석)

25일차
中心(중심) / 住所(주소) / 植物(식물)
多少(다소) / 心理(심리) / 分數(분수)
老少(노소) / 心身(심신) / 場所(장소)

26일차
外國語(외국어) / 敎育(교육) / 都邑(도읍)
自然(자연) / 有名(유명) / 訓育(훈육)
有用(유용) / 言語(언어) / 邑內(읍내)

27일차
主人(주인) / 正字(정자) / 住宅(주택)
入場(입장) / 住民(주민) / 祖國(조국)
數字(숫자) / 入學(입학) / 主食(주식)

28일차
便紙(편지) / 重力(중력) / 地方(지방)
千萬(천만) / 山川(산천) / 綠地(녹지)
體重(체중) / 表紙(표지) / 河川(하천)

29일차
草綠色(초록색) / 開天節(개천절) / 立秋(입추)
天才(천재) / 農村(농촌) / 立春(입춘)
民俗村(민속촌) / 秋收(추수) / 靑春(청춘)

30일차
休日(휴일) / 出發(출발) / 用便(용변)
花草(화초) / 夏服(하복) / 休學(휴학)
出席(출석) / 不便(불편) / 開花(개화)

31일차
三角(삼각) / 各自(각자) / 高級(고급)
各國(각국) / 計算(계산) / 世界(세계)
各種(각종) / 角度(각도) / 時計(시계)

32일차
公開(공개) / 成功(성공) / 科學(과학)
功勞(공로) / 靑果(청과) / 共感(공감)
公共(공공) / 共同(공동) / 敎科書(교과서)

33일차
電球(전구) / 光明(광명) / 時急(시급)
只今(지금) / 短文(단문) / 急速(급속)
夜光(야광) / 地球(지구) / 今方(금방)

34일차
圖面(도면) / 代行(대행) / 食堂(식당)
對答(대답) / 交代(교대) / 圖章(도장)
代用(대용) / 讀者(독자) / 對話(대화)

35일차
便利(편리) / 童心(동심) / 等級(등급)
道理(도리) / 樂園(낙원) / 童謠(동요)
音樂(음악) / 童話(동화) / 利用(이용)

36일차
反問(반문) / 合班(합반) / 半球(반구)
發明(발명) / 後聞(후문) / 班長(반장)
新聞(신문) / 說明(설명) / 反省(반성)

37일차
發生(발생) / 全部(전부) / 放心(방심)
部分(부분) / 社長(사장) / 分業(분업)
社會(사회) / 發表(발표) / 分野(분야)

38일차
線路(선로) / 成功(성공) / 白雪(백설)
反省(반성) / 書體(서체) / 成果(성과)
讀書(독서) / 大雪(대설) / 成長(성장)

39일차
始作(시작) / 身體(신체) / 信用(신용)
消風(소풍) / 手術(수술) / 身長(신장)
美術(미술) / 身分(신분) / 自信(자신)

40일차
新技術(신기술) / 業體(업체) / 藥用(약용)
强弱(강약) / 神話(신화) / 作業(작업)
新世代(신세대) / 老弱者(노약자) / 韓藥(한약)

41일차
發音(발음) / 運動(운동) / 有用(유용)
勇敢(용감) / 飮食(음식) / 和音(화음)
利用(이용) / 幸運(행운) / 勇氣(용기)

42일차
才致(재치) / 作戰(작전) / 同意(동의)
始作(시작) / 昨年(작년) / 內戰(내전)
才能(재능) / 意外(의외) / 作成(작성)

43일차
問題(문제) / 庭園(정원) / 集中(집중)
及第(급제) / 題目(제목) / 注油(주유)
第一(제일) / 家庭(가정) / 注意(주의)

44일차
體溫(체온) / 窓門(창문) / 淸正(청정)
風力(풍력) / 表面(표면) / 人體(인체)
淸明(청명) / 窓口(창구) / 風景(풍경)

45일차
和合(화합) / 幸運(행운) / 會議(회의)
現代(현대) / 形態(형태) / 和解(화해)
形成(형성) / 不幸(불행) / 現在(현재)

46일차
强國(강국) / 感謝(감사) / 開放(개방)
上京(상경) / 開始(개시) / 古代(고대)
强力(강력) / 感動(감동) / 開發(개발)

47일차
苦生(고생) / 郡民(군민) / 區分(구분)
交通(교통) / 根據(근거) / 郡廳(군청)
交信(교신) / 區別(구별) / 根本(근본)

48일차
用度(용도) / 多讀(다독) / 近方(근방)
招待(초대) / 級訓(급훈) / 態度(태도)
學級(학급) / 多幸(다행) / 制度(제도)

49일차
道路(도로) / 頭角(두각) / 事例(사례)
路線(노선) / 無禮(무례) / 新綠(신록)
例文(예문) / 頭目(두목) / 婚禮(혼례)

50일차
李舜臣(이순신) / 供養米(공양미) / 美容師(미용사)
素朴(소박) / 目標(목표) / 美術(미술)
精米所(정미소) / 白米(백미) / 科目(과목)

51일차
問病(문병) / 禮服(예복) / 區別(구별)
根本(근본) / 番號(번호) / 多服(동복)
每番(매번) / 病室(병실) / 本校(본교)

52일차
寶石(보석) / 速力(속력) / 使臣(사신)
上席(상석) / 速度(속도) / 死亡(사망)
使用(사용) / 石工(석공) / 出席(출석)

53일차
勝者(승자) / 學習(학습) / 孫子(손자)
植樹(식수) / 方式(방식) / 自習(자습)
樹木(수목) / 後孫(후손) / 勝利(승리)

54일차
野生(야생) / 晝夜(주야) / 失手(실수)
愛用(애용) / 大洋(대양) / 野外(야외)
失禮(실례) / 夜學(야학) / 友愛(우애)

55일차
溫水(온수) / 言語(언어) / 太陽(태양)
永遠(영원) / 氣溫(기온) / 英語(영어)
陽地(양지) / 英國(영국) / 名言(명언)

56일차
自由(자유) / 農園(농원) / 油畫(유화)
銀行(은행) / 遠近(원근) / 理由(이유)
庭園(정원) / 由來(유래) / 遠大(원대)

57일차
圖章(도장) / 衣服(의복) / 名醫(명의)
現在(현재) / 記者(기자) / 文章(문장)
上衣(상의) / 學者(학자) / 醫師(의사)

58일차
晝間(주간) / 決定(결정) / 朝食(조식)
親舊(친구) / 民族(민족) / 晝夜(주야)
家族(가족) / 朝鮮(조선) / 定時(정시)

59일차
通風(통풍) / 太陽(태양) / 特級(특급)
行動(행동) / 合意(합의) / 通信(통신)
行事(행사) / 合同(합동) / 特徵(특징)

60일차
黃土(황토) / 書畫(서화) / 番號(번호)
訓鍊(훈련) / 黃金(황금) / 動向(동향)
名畫(명화) / 口號(구호) / 方向(방향)

한자 찾아보기

151

지은이 키즈키즈 교육연구소

기획과 편집, 창작 활동을 전문으로 하는 유아동 교육연구소입니다.
어린이들이 건강한 생각을 키우고 올곧은 인성을 세우는 데 도움이 되는
교육 콘텐츠를 개발하고 있습니다. 즐기면서 배울 수 있는 프로그램 개발에도
힘쓰고 있으며, 단행본과 학습지 등 다양한 분야에서 활동하고 있습니다.

하루 10분 초등한자 따라쓰기

8급~6급 한 권으로 끝내기

중쇄 인쇄 | 2024년 12월 24일
중쇄 발행 | 2024년 12월 30일

지은이 | 키즈키즈 교육연구소
펴낸이 | 박수길
펴낸곳 | (주)도서출판 미래지식
기획 편집 | 이솔
디자인 | design Ko

주소 | 경기도 고양시 덕양구 통일로 140 삼송테크노밸리 A동 3층 333호
전화 | 02)389-0152
팩스 | 02)389-0156
홈페이지 | www.miraejisig.co.kr
이메일 | miraejisig@naver.com
등록번호 | 제2018-000205호

*이 책의 판권은 미래지식에 있습니다.
*값은 표지 뒷면에 표기되어 있습니다.
*잘못된 책은 구입하신 서점에서 바꾸어 드립니다.

ISBN 979-11-90107-27-3 64700
ISBN 979-11-90107-26-6 (세트)

*미래주니어는 미래지식의 어린이책 브랜드입니다.